Para estar en el mundo

Martes con mi viejo profesor
Una lección de la vida, de la muerte y del amor

El día siguiente

Martes con mi viejo profesor
Una lección de la vida, de la muerte y del amor

Mitch Albom

OCEANO MAEVA

EDITOR: Rogelio Carvajal Dávila

MARTES CON MI VIEJO PROFESOR
Una lección de la vida, de la muerte y del amor

Título original: TUESDAYS WITH MORRIE

Tradujo ALEJANDRO PAREJA de la edición original en inglés

Revisó la traducción TRUDI KIEBALA

© 2000, Mitch Albom

© 1940, the lines from "My father moved through dooms of love"
© 1968, 1991, by the Trustees for the e. e. cummings Trust,
from *Complete Poems, 1904-1962* by George J. Firmage
Reprinted by permission of Liveright Publishing Corporation
© 1934, by Ray Noble, from "The Very Thought of You",
to Campbell Connelly Inc. and Warner Bros. Inc.
Copyright renewed; extended term of copyright deriving
from Ray Noble assigned and effective April 16, 1990,
to Range Road Music, Inc. and Quartet Music, Inc.
Used by permission

D. R. ©MAEVA EDICIONES
    Benito Castro 6, Madrid 28028

D. R. ©EDITORIAL OCEANO DE MÉXICO, S.A. de C.V.
    Eugenio Sue 59, Colonia Chapultepec Polanco
    Miguel Hidalgo, Código Postal 11560, México, D.F.
    ☏ 5279 9000   📠 5279 9006
    ✉ info@oceano.com.mx

PRIMERA EDICIÓN

ISBN 970-651-458-9

*Quedan rigurosamente prohibidas, sin la autorización
escrita del editor, bajo las sanciones establecidas en las leyes,
la reproducción parcial o total de esta obra por cualquier medio
o procedimiento, comprendidos la reprografía y el tratamiento
informático, y la distribución de ejemplares de ella mediante
alquiler o préstamo público.*

IMPRESO EN MÉXICO / PRINTED IN MEXICO

*Este libro está dedicado a Peter, mi hermano,
la persona más valiente que conozco.*

ÍNDICE

Agradecimientos, 13

El plan de estudios, 15
El programa de la asignatura, 19
El alumno, 29
El audiovisual, 35
La orientación, 43
El aula, 49
Pasando lista, 59
Primer martes: hablamos del mundo, 67
Segundo martes: hablamos del sentimiento
 de lástima por uno mismo, 75
Tercer martes: hablamos de los arrepentimientos, 83
El audiovisual, segunda parte, 91
El profesor, 95
Cuarto martes: hablamos de la muerte, 103
Quinto martes: hablamos de la familia, 113
Sexto martes: hablamos de las emociones, 125
El profesor, segunda parte, 133
Séptimo martes: hablamos del miedo a la vejez, 141

Octavo martes: hablamos del dinero, 149
Noveno martes: hablamos de cómo perdura
  el amor, 157
Décimo martes: hablamos del matrimonio, 169
Undécimo martes: hablamos de nuestra cultura, 179
El audiovisual, tercera parte, 187
Duodécimo martes: hablamos del perdón, 193
Decimotercer martes: hablamos del día perfecto, 201
Decimocuarto martes: nos decimos adiós, 211
Graduación, 217

Conclusión, 221

Agradecimientos

Quiero agradecer la enorme ayuda que recibí para escribir este libro. Deseo dar las gracias por sus recuerdos, por su paciencia y por su orientación, a Charlotte, Rob y Jonathan Schwartz, a Maurie Stein, a Charlie Derber, a Gordie Fellman, a David Schwartz, al rabino Al Axelrad y a la multitud de amigos y compañeros de Morrie. Quiero expresar también mi agradecimiento especial a Bill Thomas, mi editor, por haber llevado este proyecto con el toque preciso. Y, como siempre, mi aprecio a David Black, que suele tener más fe en mí que yo mismo.

Y gracias, sobre todo, a Morrie, por haber estado dispuesto a que elaboráramos juntos esta última tesina. ¿Tuviste tú alguna vez un maestro así?

El plan de estudios

Mi viejo profesor impartió la última asignatura de su vida dando una clase semanal en su casa, junto a una ventana de su despacho, desde un lugar donde podía contemplar cómo se despojaba de sus hojas rosadas un pequeño hibisco. La clase era los martes. Comenzaba después del desayuno. La asignatura era el Sentido de la Vida. La impartía a partir de su propia experiencia.

No se daban calificaciones, pero había exámenes orales cada semana. El alumno debía responder a varias preguntas, y debía formular otras por su cuenta; también debía realizar tareas físicas de vez en cuando, tales como levantar la cabeza del catedrático para dejarla en una postura cómoda sobre la almohada, o calarle bien los lentes en la nariz. Si le daba un beso de despedida, ganaba puntos adicionales.

No se necesitaba ningún libro, pero se cubrían muchos temas, entre ellos, el amor, el trabajo, la comunidad, la familia, la vejez, el perdón y, por último, la muerte. La última lección fue breve, apenas unas pocas palabras.

En lugar de ceremonia de graduación se celebró un funeral.

Aunque no hubo examen final, el alumno debía preparar un largo trabajo sobre lo que había aprendido. Aquí se da a conocer ese trabajo.

En las clases de la última asignatura de la vida de mi viejo profesor sólo había un alumno.

Ese alumno era yo.

Estamos a finales de la primavera de 1979, una calurosa y húmeda tarde de sábado. Somos centenares y estamos sentados juntos, lado a lado, en filas de sillas plegables de madera, en el prado principal del campus. Llevamos togas azules de nylon. Escuchamos con impaciencia los largos discursos. Cuando termina la ceremonia, lanzamos los birretes al aire y oficialmente somos ya graduados universitarios, la última promoción de la Universidad de Brandeis, de la ciudad de Waltham, en Massachusetts. Para muchos de nosotros acaba de caer el telón para nuestra infancia.

Poco después, busco a Morrie Schwartz, mi catedrático favorito, y se lo presento a mis padres. Es un hombre pequeño que camina a pasitos, como si en cualquier momento la ráfaga de un fuerte viento pudiera arrastrarlo hasta las nubes. Vestido con su toga para ceremonias de graduación, parece una mezcla de profeta bíblico y duende de árbol de navidad. Tiene los ojos de un color azul verdoso, chispeantes, el cabello, plateado y ralo, le cae sobre la frente; tiene orejas grandes, nariz triangular y unas matas de canosas cejas. Aunque tiene torcidos los dientes, y los inferiores están inclinados hacia atrás, como si alguien se los hubiera hundido de un puñetazo, cuando sonríe parece como si le acabaras de contar el primer chiste en la historia del mundo.

Explica a mis padres cómo me porté en cada una de las asignaturas que me impartió. Les dice: "Tienen un muchacho especial". Avergonzado, me miro los pies. Antes de irnos, entrego a mi catedrático un regalo: un maletín color cuero con sus iniciales en la parte delantera. Lo había comprado el día anterior en un centro comercial. No quería olvidarme de él. Quizá es que no quise que él se olvidara de mí.

–Mitch, eres de los buenos —dice, admirando el maletín. Después, me abraza. Siento sus delgados brazos rodeando mi espalda. Soy más alto que él, y cuando me tiene en sus brazos me siento incómodo, más viejo, como si yo fuera el padre y él fuera el hijo.

Me pregunta si seguiré en contacto con él, y yo sin titubear le digo:

–Por supuesto.

Cuando se aparta, veo que está llorando.

El programa de la asignatura

Le llegó su sentencia de muerte en el verano de 1994. Mirando hacia atrás, Morrie supo mucho antes que algo malo se le venía encima. Lo supo el día en que dejó de bailar.

Mi viejo profesor había sido siempre bailarín. No le importaba con qué música. Rock and roll, el jazz de las grandes bandas, blues; todo le encantaba. Cerraba los ojos y, con una sonrisa beatífica, empezaba a moverse al compás de su propio sentido del ritmo. No siempre era atractivo; pero, por otra parte, no se preocupaba de bailar con una pareja: Morrie bailaba solo.

Solía ir todos los miércoles por la noche a una iglesia que está en la plaza Harvard para asistir a lo que llaman "baile gratis". Allí había destellantes luces y altavoces estruendosos, y Morrie se mezclaba con el público, compuesto principalmente de estudiantes, con camiseta blanca y pantalones deportivos negros y una toalla al cuello, y fuera cual fuera la música que sonaba, esa música era la que él bailaba. Bailaba lindy con música de Jimi Hendrix. Se retorcía y giraba, agitando los brazos como un director de orquesta que hubiera tomado anfetaminas, hasta que el sudor caía por su espalda. Nadie sabía que él era un eminente doctor en sociología, con años de experiencia como catedrático y que había publicado varios libros muy respetados. Lo tomaban, simplemente, por un viejo chiflado.

Una vez llevó un casete de tangos y logró que lo tocaran por los altavoces. Acto seguido, amo ya de la pista de baile, se deslizó velozmente de un lado a otro como un ardiente latin lover. Cuando acabó, todos le aplaudieron. Podría haber permanecido para siempre en aquel momento.

Pero el baile terminó para él.

Cuando tenía sesenta y tantos años empezó a sufrir asma. Respiraba con dificultad. Un día, caminando por la orilla del río Charles, una ráfaga de aire frío lo dejó sin respiración. Lo llevaron de urgencia al hospital y le inyectaron cortisona.

Años más tarde empezó a costarle trabajo caminar. En la fiesta de cumpleaños de un amigo tropezó sin razón aparente. Otra noche, cayó por las escaleras de un teatro y sobresaltó a un pequeño grupo de personas.

–¡Denle aire! —gritó alguien.

Como por entonces ya había cumplido los setenta, los ahí presentes susurraron: "es la edad", y le ayudaron a levantarse. Pero Morrie, que siempre había mantenido con el interior de su cuerpo un contacto más estrecho que el que solemos mantener los demás, supo que lo que iba mal era otra cosa. Aquello era más que la vejez. Constantemente estaba cansado. Le costaba trabajo dormir. Soñaba que se moría.

Empezó a consultar a médicos. A muchos. Le hicieron análisis de sangre. Le hicieron análisis de orina. Le metieron una sonda por el trasero y miraron el interior de sus intestinos. Por fin, en vista de que no encontraban nada, un médico solicitó una biopsia muscular, para la que tomaron un trocito del muslo de Morrie. El informe del laboratorio indicaba la existencia de un problema neurológico, y sometieron a Morrie a una nueva serie de pruebas. Para realizar una de estas pruebas se sentó en una silla especial mientras le aplicaban descargas eléctricas (como una especie de silla eléctrica) y estudiaban sus reacciones neurológicas.

–Tenemos que analizar esto más a fondo —dijeron los médicos, observando sus resultados.

–¿Por qué? —preguntó Morrie. ¿De qué se trata?

–No estamos seguros. Sus tiempos son lentos.

¿Que sus tiempos eran lentos? ¿Qué significaba aquello? Por fin, un caluroso y húmedo día de agosto de 1994, Morrie y su esposa, Charlotte, fueron al consultorio del neurólogo y éste les pidió que tomaran asiento antes de darles la noticia: Morrie tenía esclerosis lateral amiotrófica (ELA), la enfermedad de Lou Gehrig, una enfermedad brutal, despiadada, del sistema neurológico.

No había tratamiento conocido.

–¿Cómo la contraje? —preguntó Morrie.

Nadie lo sabía.

–¿Es mortal?

—Sí.
—Así que ¿voy a morir?
—Sí, así es —dijo el médico. Lo siento mucho.

Se pasó casi dos horas con Morrie y Charlotte, contestando con paciencia a sus preguntas. Cuando ya se iban, el médico les dio alguna información sobre la ELA, unos folletos, como si estuvieran abriendo una cuenta corriente en un banco. Cuando salieron a la calle el sol brillaba y la gente se ocupaba de sus asuntos. Una mujer corría a echarle monedas al parquímetro. Otra cargaba sus bolsas del supermercado. Por la mente de Charlotte corría un millón de pensamientos: "¿Cuánto tiempo nos queda?"; "¿Cómo nos las vamos a arreglar?"; "¿Cómo pagaremos los gastos?".

Mientras tanto, mi viejo profesor quedó perplejo ante la cotidiana normalidad que lo rodeaba. "¿No debería detenerse el mundo?" "¿Es que no saben lo que me pasa?"

Pero el mundo no se detuvo y no le prestó ninguna atención; y cuando Morrie jaló apenas de la portezuela del coche sintió que caía en un hoyo.

"¿Y ahora, qué?", pensó.

Mientras mi viejo profesor buscaba respuestas, la enfermedad se fue apoderando de él, día a día, semana a semana. Una mañana intentó sacar el coche del garaje, en reversa, y apenas fue capaz de pisar el freno. Así dejó de conducir.

Constantemente tropezaba, así que se compró un bastón. De este modo dejó de caminar con libertad.

Seguía yendo a la YMCA a nadar, según su costumbre, pero descubrió que ya no era capaz de desvestirse solo. Así que contrató a su primer asistente a domicilio (un estudiante de teología llamado Tony), que le ayudaba a entrar y salir de la alberca, y a ponerse y quitarse el traje de baño. En el vestidor, los demás nadadores fingían que no lo miraban. Pero lo miraban, de todos modos. Así dejó de tener intimidad.

En el otoño de 1994, Morrie acudió al campus de la Universidad de Brandeis, lleno de cuestas, para impartir su última asignatura universitaria. Podría habérsela ahorrado, por supuesto. La universidad lo habría entendido. "¿Por qué sufrir delante de tanta gente? Quédese en casa. Ponga en orden sus asuntos." Pero a Morrie no se le ocurrió la idea de renunciar.

En lugar de esto, entró cojeando en el aula que había sido su hogar durante más de treinta años. A causa del bastón, bastante tiempo tardó en llegar a su sillón. Por fin, se sentó, se quitó los lentes y contempló los rostros jóvenes que en silencio le devolvían su mirada.

—Amigos míos, supongo que todos están aquí para la clase de psicología social. Llevo veinte años impartiendo esta asignatura y ésta es la primera vez que puedo decir que corren un riesgo al cursarla, pues padezco una enfermedad mortal. Quizá no viva hasta final del semestre. Si esto es para ustedes un problema, y si desean anular su matrícula en esta asignatura, lo comprenderé.

Sonrió.

Y así dejó de guardar su secreto.

La ELA es como una vela encendida: te funde los nervios y te deja el cuerpo como un montón de cera. Suele empezar por las piernas, y va subiendo. Pierdes el control de los músculos de los muslos, de manera que ya no eres capaz de mantenerte de pie. Pierdes el control de los músculos del tronco, de modo que ya no eres capaz de mantenerte sentado y erguido. Al final, si sigues vivo, respiras por un tubo que te pasa por un agujero de la garganta, mientras tu alma, despierta por completo, vive presa en una flácida cáscara, capaz quizá de pestañear o de chascar la lengua, como en una película de ciencia ficción, el hombre congelado dentro de su propia carne. Esto no tarda más de cinco años en llegar contados a partir del día en que contraes la enfermedad.

Los médicos de Morrie calcularon que le quedaban dos años.

Morrie sabía que menos tiempo que eso.

Pero mi viejo profesor había tomado una profunda decisión, una decisión que empezó a forjar desde el día en que salió de la consulta con el médico con una espada suspendida sobre la cabeza. "¿Voy a consumirme y a desaparecer, o voy a sacar el mejor provecho posible del tiempo que me queda?", se había preguntado.

No estaba dispuesto a dejarse consumir. No estaba dispuesto a avergonzarse de morir.

Por el contrario, haría de la muerte su proyecto final, el centro de sus días. Dado que todo el mundo va a morir, él podría ser muy valioso, ¿no es así? Podía ser materia de investigación. Un libro de texto humano. *Estúdienme en mi lento y paciente fallecimiento. Observen lo que me pasa. Aprendan conmigo.*

Morrie estaba dispuesto a atravesar ese puente definitivo entre la vida y la muerte y a narrar su viaje.

El semestre escolar de otoño transcurrió con rapidez. El número de pastillas aumentó. La terapia se convirtió en una rutina regular. A la casa de Morrie acudían enfermeros para trabajar sus piernas, que se consumían, manteniéndoles activos los músculos al flexionarlas hacia delante y hacia atrás como si sacaran agua de un pozo con una bomba. Una vez por semana intentaban masajistas aliviar la rigidez constante y pesada que padecía.

Consultó a maestros de meditación, y cerrando los ojos comprimía sus pensamientos hasta que su mundo se reducía a un único aliento que entraba y salía, entraba y salía.

Un día, caminando con su bastón, tropezó con el bordillo de la acera y se cayó en la avenida. Al bastón lo sustituyó un andador. Conforme su cuerpo iba debilitándose, los viajes de ida y vuelta al baño llegaron a agotarlo demasiado, de modo que Morrie empezó a orinar en un recipiente grande. Y mientras lo hacía, tenía que apoyarse, lo que significaba que alguien tenía que sostener el recipiente mientras Morrie lo llenaba.

Todo eso resultaría embarazoso a casi todos, sobre todo teniendo en cuenta la edad de Morrie. Pero Morrie no era como casi todos. Cuando algunos compañeros suyos de confianza lo visitaban, les decía:

—Oye, tengo que mear. ¿Podrías ayudarme? ¿No te molesta?

Con frecuencia, y para sorpresa de ellos mismos, no les molestaba.

De hecho, seguía recibiendo una riada creciente de visitantes. Mantenía tertulias sobre la muerte, sobre su significado verdadero, sobre el modo en que las sociedades siempre la han temido sin necesariamente comprenderla. Había dicho a sus amigos que si querían de verdad ayudarle, no debían ofrecerle su compasión sino visitarlo, llamarle por teléfono, compartir con él sus problemas, como los habían compartido siempre, pues Morrie había sabido siempre escuchar maravillosamente.

A pesar de todo lo que le estaba pasando, tenía la voz sonora y atractiva, y su mente vibraba con un millón de pensamientos. Había decidido demostrar que la palabra "moribundo" no era sinónimo de "inútil".

Pasó año nuevo. Y aunque Morrie no se lo dijo a nadie, sabía que aquél sería el último año de su vida. Por aquel entonces usaba silla de ruedas y luchaba contra el tiempo para decir todas las cosas que quería decir a todas las personas que amaba. Cuando un compañero suyo de la Universidad de Brandeis murió repentinamente de un ataque al corazón y Morrie asistió al funeral, volvió deprimido a su casa.

–¡Qué desperdicio! —dijo—: Tantas personas diciendo cosas maravillosas de él, e Irv no pudo oir nada.

Y Morrie tuvo una idea mejor. Hizo algunas llamadas. Fijó una fecha. Y una fría tarde de domingo se reunió con él en su casa un pequeño grupo de amigos y de familiares para celebrar un "funeral en vida". Todos tomaron la palabra y rindieron homenaje a mi viejo profesor. Algunos lloraron. Otros rieron. Una mujer leyó un poema:

Querido y amado primo...
Tu corazón sin edad
mientras te desplazas por el tiempo, capa sobre capa,
secuoya tierna...

Morrie lloró y rio con ellos. Y aquel día Morrie dijo todas esas cosas que uno siente y que nunca llega a decir a los que ama. Su "funeral en vida" tuvo un éxito resonante.

Y aunque Morrie no había muerto todavía.

De hecho, apenas comenzaba la parte más singular de su vida.

El alumno

Llegado a este punto, debo explicar lo que me sucedió desde aquel caluroso día de fines de primavera en que di el último abrazo a mi apreciado y sabio profesor y le prometí que me mantendría en contacto con él.

No me mantuve en contacto con él.

La verdad es que perdí el contacto con la mayoría de las personas que había conocido en la universidad; entre ellos los amigos con los que tomaba cervezas y la primera mujer a cuyo lado me desperté una mañana. Los años que siguieron a la graduación me endurecieron hasta convertirme en una persona muy diferente del orgulloso graduado que aquel día había salido del campus camino de Nueva York, dispuesto a ofrecer al mundo su talento.

Descubrí que yo no le interesaba tanto al mundo. Pasé los primeros años de mi veintena vagando de un lado a otro, pagando alquileres y leyendo los anuncios clasificados y preguntándome por qué no se ponían en verde los semáforos para mí. Soñaba ser un músico famoso (tocaba el piano), pero después de varios años de oscuros clubes desiertos, de promesas incumplidas, de grupos que siempre se disolvían y de productores que parecían interesados por todo el mundo menos por mí, el sueño se truncó. Fracasaba por primera vez en mi vida.

Al mismo tiempo, tuve mi primer encuentro serio con la muerte. Mi tío favorito, el hermano de mi madre, el hombre que me había enseñado música, que me había enseñado a conducir, que me había tomado el pelo con el tema de las mujeres, que me había lanzado una pelota de futbol americano, el adulto al que había yo tomado como modelo siendo niño: "Así quiero ser de grande", murió de cáncer de páncreas a los cuarenta y cuatro años de edad. Era un hombre bajo de estatura, bien parecido, con un bigote espeso, y estuve a su lado durante el último año de su vida, pues yo vivía en el departamento que estaba abajo del suyo. Vi cómo su cuerpo, lleno de fuerza, primero se consumió para hincharse después; lo vi sufrir, noche tras noche, doblado ante la mesa del comedor, apretándose el vientre, con los ojos cerrados, con la boca torcida de dolor.

–Ayyyyy, Dios —gemía. ¡Ayyyyyy, Jesús!

Los demás —mi tía, sus dos pequeños hijos, yo— nos quedábamos callados, ante nuestros platos, con la vista apartada.

Nunca me sentí más impotente en toda mi vida.

Una noche de mayo, mi tío y yo estábamos sentados en el balcón de su departamento. Corría la brisa y hacía calor. Fijó él su vista en el horizonte y dijo, con los dientes apretados, que no estaría para ver a sus hijos empezar el curso escolar siguiente. Me pidió que cuidara de ellos. Le dije que no hablara así; se me quedó mirando con tristeza.

Pocas semanas más tarde, murió.

Después del funeral, mi vida cambió. De pronto me pareció que el tiempo era precioso, como agua que se perdía por un desagüe abierto, y que toda la prisa con que yo me moviera era poca. Se acabó lo de tocar música en clubes medio vacíos. Se acabó lo de componer canciones en mi departamento, que nadie iba a escuchar. Regresé a la universidad. Hice una maestría en periodismo y acepté el primer trabajo que me ofrecieron, de periodista deportivo. En vez de perseguir mi propia fama, escribía acerca de los deportistas famosos que perseguían la suya. Trabajaba de planta en periódicos y como free lance para revistas. Trabajaba sin horario fijo, sin límite de tiempo. Me despertaba por la mañana, me cepillaba los dientes y me sentaba a la máquina de escribir con la misma ropa con que había dormido. Mi tío había trabajado en una gran empresa y no le gustaba nada, todos los días lo mismo, y yo estaba decidido a no acabar como él.

Trabajé en diversos lugares, desde Nueva York hasta Florida, y acabé aceptando un trabajo en Detroit como columnista del *Detroit Free Press*. Tenían en aquella ciudad un apetito insaciable por el deporte —había equipos profesionales de futbol americano, de basquetbol, de beisbol y de hockey sobre hielo—, tan insaciable como mi ambición. Al cabo de pocos años, no sólo escribía columnas en la prensa, sino que también escribía libros de deportes, hacía programas de radio y salía con regularidad en la televisión, soltando mis opiniones sobre los jugadores de futbol americano enriquecidos y sobre los hipócritas programas de becas deportivas de las universidades. Formaba parte de la tormenta informativa que empapa hoy en día nuestro país. Era muy solicitado.

Dejé de alquilar departamentos. Empecé a comprar. Me compré una casa en una colina. Me compré coches. Invertí en acciones. Trabajaba hasta el tope, y todo lo que hacía estaba sujeto a un plazo de entrega. Hacía ejercicio como un poseso. Conducía mi coche a una velocidad temeraria. Ganaba más dinero del que me había figurado ver junto en mi vida. Conocí a una mujer de pelo oscuro llamada Janine que se las arreglaba para amarme a pesar de mi agenda de trabajo y de mis constantes ausencias. Nos casamos tras siete años de noviazgo. Volví al trabajo una semana después de la boda. Le dije, y me dije a mí mismo, que un día tendríamos hijos, cosa que ella deseaba mucho. Pero ese día no llegó nunca.

En vez de eso, me sumergí en los éxitos; porque creía que los éxitos me permitirían controlar las cosas, me permitirían apurar al máximo hasta el último fragmento de felicidad antes de ponerme enfermo y morir como había muerto mi tío, lo que supuse era mi destino natural.

¿Y Morrie? Bueno, pensaba en él de vez en cuando, en las cosas que me había enseñado acerca de "ser humanos" y de "relacionarse con los demás", pero siempre a lo lejos, como si perteneciera a otra vida. Al cabo de los años acabé tirando a la basura el correo que recibía de la Universidad de Brandeis, suponiendo que no querían más que pedir dinero. Por eso no me enteré de la enfermedad de Morrie. Hacía mucho tiempo que había olvidado a las personas que podrían habérmelo dicho, y sus números de teléfono estaban enterrados en alguna caja en el desván.

Podría haber seguido así si no hubiera sido porque, una noche, tarde, cuando recorría los canales del televisor, oí una cosa que me llamó la atención...

El audiovisual

En marzo de 1995, una limusina en la que iba Ted Koppel, presentador del programa de televisión *Nightline*, de la ABC, se estacionó junto a una acera cubierta de nieve, frente a la casa de Morrie, en West Newton, Massachusetts.

Morrie ya usaba permanentemente silla de ruedas, se fue acostumbrando a que sus asistentes lo llevaran en vilo, como un pesado costal, de la silla a la cama y de la cama a la silla. Había empezado a toser cuando comía, y masticar era para él una penosa tarea. Tenía muertas las piernas; no volvería a caminar jamás.

Pero se negaba a deprimirse. Y por el contrario, Morrie se había convertido en un pararrayos de ideas. Apuntaba sus pensamientos en blocks de hojas amarillas, en sobres, en carpetas, en pedazos de papel. Escribía pensamientos filosóficos, del tamaño de un bocado, sobre la vida a la sombra de la muerte: "Acepta lo que eres capaz de hacer y lo que no eres capaz de hacer"; "Acepta el pasado como pasado, sin negarlo ni descartarlo"; "Aprende a perdonarte a ti mismo y a perdonar a los demás"; "No des por supuesto que es demasiado tarde para comprometerte". Al cabo de un tiempo, ya tenía más de cincuenta de estos aforismos, que compartía con sus amigos. A uno de estos amigos, también catedrático de la Universidad de Brandeis, llamado Maurie Stein, le cautivaron tanto aquellas palabras que se las envió a un periodista del *Boston Globe*, quien vino a verlo y escribió un largo artículo sobre Morrie. El titular decía:

LA ASIGNATURA FINAL DE UN CATEDRÁTICO:
SU PROPIA MUERTE

El artículo llamó la atención de un productor del programa *Nightline*, que se lo llevó a Koppel, en Washington, D.C.

–Echa una ojeada a esto —dijo el productor.

En menos de lo que tarda en contarse, había camarógrafos en la sala de Morrie y la limusina de Koppel estaba estacionada frente a la casa.

Algunos amigos y familiares de Morrie se habían reunido para recibir a Koppel, y cuando el famoso personaje entró en la casa todos murmuraron llenos de emoción; todos, menos Morrie, que se adelantó haciendo rodar la silla, arqueó las cejas y acalló el clamor con su voz aguda y cantarina:

–Ted, tengo que hacerte unas preguntas antes de acceder a que me hagas esta entrevista.

Hubo un embarazoso momento de silencio, y a continuación se condujo a los dos hombres al estudio. Se cerró la puerta.

—Caramba —susurró un amigo de Morrie frente a la puerta cerrada. Espero que Ted no sea muy duro con Morrie.

—Espero que Morrie no sea muy duro con Ted —dijo otro.

Una vez en el despacho, Morrie indicó a Koppel con un gesto que tomara asiento. Cruzó las manos sobre su regazo y sonrió.

—Cuéntame de algo que esté cercano a tu corazón —dijo Morrie, para empezar.

—¿A mi corazón?

Koppel estudió al viejo.

—Está bien —dijo, con precaución, y habló de sus hijos. Estaban cercanos a su corazón, ¿no?

—Bueno —dijo Morrie. Ahora, háblame algo de tu fe.

Koppel se sentía incómodo.

—No suelo conversar de cosas así con personas a las que acabo de conocer hace unos minutos.

—Ted, me estoy muriendo —dijo Morrie, mirando por encima de los cristales de sus lentes. No dispongo de mucho tiempo.

Koppel se rio. Muy bien. La fe. Citó un pasaje de Marco Aurelio, algo que le producía una intensa impresión.

Morrie asintió con la cabeza.

—Ahora, déjeme que le pregunte algo a *usted* —dijo Koppel. ¿Ha visto mi programa alguna vez?

Morrie se encogió de hombros.

—Dos veces, creo.

—¿Dos veces? ¿Nada más?

—No te preocupes. El programa de Oprah sólo lo he visto una vez.
—Bueno, y las dos veces que ha visto mi programa, ¿qué le pareció?
Morrie hizo una pausa.
—¿Sinceramente?
—¿Y bien?
—Creí que eras un narcisista.
Koppel se echó a reir.
—Soy demasiado feo para ser narcisista —dijo.

Al poco tiempo, las cámaras estaban rodando frente a la chimenea de la sala, donde estaban Koppel, con su pulcro traje azul, y Morrie, con su lanudo suéter gris. Se había negado a ponerse ropa elegante y a que lo maquillaran para la entrevista. Su filosofía afirmaba que la muerte no debía ser una vergüenza; no estaba dispuesto a maquillarla.

Como Morrie estuvo sentado en la silla de ruedas, la cámara no llegó a captar sus consumidas piernas. Y como todavía era capaz de mover las manos —Morrie agitaba las dos manos siempre que hablaba—, manifestó una gran pasión al explicar cómo se enfrenta uno con el final de la vida.

—Ted —dijo—, cuando empezó todo esto, me pregunté a mí mismo: "¿Voy a retirarme del mundo, como hace la mayoría de la gente, o voy a vivir?". Decidí que iba a vivir, o que al menos iba a intentar vivir, tal como quiero, con dignidad, con valor, con humor, con compostura. Algunas mañanas lloro mucho, y estoy de duelo por mí mismo. Algunas mañanas estoy muy enojado y muy amargado. Pero no me dura demasiado. Después, me levanto y me digo: "Quiero vivir...". De momento, he sido capaz de hacerlo. ¿Seré capaz de seguir así? No lo sé. Pero apuesto conmigo mismo a que lo seré.

Koppel parecía enormemente cautivado por Morrie. Le hizo una pregunta acerca de la humildad que inspiraba la muerte.

–Bueno, Fred —dijo Morrie por error—, quiero decir, Ted... —dijo en seguida, corrigiéndose.

–Bueno, esto *sí* que inspira humildad —dijo Koppel, riéndose.

Los dos hombres hablaron del más allá. Hablaron de cómo Morrie dependía cada vez más de otras personas. Ya necesitaba ayuda para comer, para sentarse y para moverse de un lado a otro. Koppel preguntó a Morrie qué era lo que más temía de aquel deterioro lento e insidioso.

Morrie hizo una pausa. Preguntó si podía decirlo en televisión.

Koppel le dijo que adelante.

Morrie miró directamente a los ojos del más famoso entrevistador de Estados Unidos.

–Bueno, Ted, algún día, dentro de poco, alguien va a tener que limpiarme el culo.

El programa se emitió un viernes por la noche. Se abría con la imagen de Ted Koppel que hablaba desde detrás de su mesa en Washington, con una voz que resonaba autoridad.

–¿Quién es Morrie Schwartz —decía—, y por qué, cuando termine esta velada, muchos de ustedes estarán interesados en él?

A mil quinientos kilómetros de distancia, en mi casa en la colina, recorría yo los canales del televisor distraídamente. Oí aquellas palabras que salían del aparato: "¿Quién es Morrie Schwartz?", y me quedé petrificado.

Es nuestra primera clase juntos, en la primavera de 1976. Entro en el gran despacho y observo los libros, aparentemente innumerables, que cubren las paredes, un librero tras otro. Libros de sociología, de filosofía, de religión, de psicología. Hay una alfombra grande sobre el suelo de madera y una ventana que domina el paseo del campus. Sólo hay una docena de estudiantes, más o menos, que revuelven cuadernos y programas. La mayoría lleva pantalones de mezclilla, tenis y camisas de franela a cuadros. Pienso para mis adentros que no será fácil fumarme una clase de tan pocos alumnos. Quizá no debiera matricularme en ella.

—¿Mitchell? —dice Morrie, leyendo la lista de alumnos.

Levanto una mano.

—¿Prefieres que te llame Mitch? ¿O es mejor Mitchell?

Nunca me había preguntado eso un profesor. Echo una segunda ojeada a aquel tipo con su suéter amarillo de cuello de cisne y sus pantalones de pana verdes, con el pelo plateado que le cae sobre la frente. Está sonriendo.

—Mitch —digo. Mis amigos me llaman Mitch.
—Bueno, entonces te quedas con Mitch —dice Morrie, como quien cierra un trato. Y, Mitch...
—¿Sí?
—Espero que un día me consideres amigo tuyo.

La orientación

Cuando en el coche alquilado me dirigí a la calle de Morrie en West Newton, un pueblo tranquilo de las afueras de Boston, en una mano llevaba una taza de café y con la oreja y el hombro sujetaba un teléfono celular; hablaba con un productor de televisión de un trabajo que preparábamos. Una y otra vez miraba el reloj digital —mi vuelo de regreso salía pocas horas después— y los números de los buzones de aquella calle residencial bordeada de árboles. El radio del coche lo había sintonizado en la estación de puras noticias. Así era como yo funcionaba, haciendo cinco cosas al mismo tiempo.

–Regresa el casete —le dije al productor. Déjame oir otra vez esa parte.

–Muy bien —dijo él. Tardará un momento.

De pronto, estuve frente a la casa. Pisé el freno y derramé café en mi regazo. Cuando el coche se detuvo, percibí una imagen pasajera de un gran plátano falso y tres figuras sentadas cerca del árbol que había en el camino de acceso a la casa, un hombre joven y una mujer de edad mediana, entre ellos un anciano pequeño en una silla de ruedas.

Morrie.

Cuando vi a mi viejo profesor, me quedé de piedra.

–¿Oye? —me dijo el productor al oído. ¿Se cortó...?

Llevaba dieciséis años sin verlo. Tenía el pelo más ralo, casi blanco, y la cara demacrada. De pronto, me sentí poco preparado para este encuentro (para empezar, estaba colgado al teléfono), y confié en que no habría advertido mi llegada de modo que pudiera yo dar varias vueltas más a la manzana con el coche, concluir mi asunto, prepararme mentalmente. Pero Morrie, aquella versión nueva, consumida, de un hombre al que había conocido tan bien en cierta época, sonreía al coche con las manos cruzadas sobre su regazo, esperando a que yo saliera.

–¿Oye? —volvió a decir el productor. ¿Estás ahí?

Por todo el tiempo que habíamos pasado juntos, por toda la amabilidad y toda la paciencia que Morrie había tenido conmigo cuando yo era joven, debería haber soltado el teléfono y debería haber saltado del coche, debería haber corrido hasta él, debería haberlo saludado con un abrazo y un beso.

En vez de eso, apagué el motor y me agaché en el asiento como si buscara algo.

–Sí, sí, estoy aquí —susurré, y continué mi conversación con el productor de televisión hasta que terminamos.

Hice lo que había aprendido a hacer mejor: me ocupé de mi trabajo, incluso mientras mi profesor, que se estaba muriendo, me aguardaba en el jardín de su casa. Esto no me enorgullece, pero eso fue lo que hice.

Entonces, cinco minutos después, Morrie me estaba abrazando, rozándome la mejilla con su escaso pelo. Le dije que me puse a buscar mis llaves, que por eso había tardado tanto en salir del coche; y lo apreté más fuerte, como si así pudiera aplastar mi pequeña mentira. Aunque hacía calor bajo el sol de la primavera, llevaba puesta una chamarra y sus piernas las cubría con una manta. Olía un tanto a rancio, como huelen a veces las personas que toman medicamentos. Mientras apretaba con fuerza mi rostro contra el suyo, le oía respirar con dificultad junto a mi oído.

–Mi viejo amigo —susurró—, has vuelto, por fin.

Se apoyaba contra mí, meciéndose, sin soltarme, levantando las manos para tomarme los codos mientras me inclinaba hacia él. Me sorprendió este afecto, después de tantos años, y la verdad que los muros de piedra que había levantado entre mi presente y mi pasado me hicieron olvidar lo unidos que llegamos a ser. Recordé el día de la graduación, el maletín, sus lágrimas a mi partida, y tragué saliva porque sabía, muy dentro de mí, que yo ya no era aquel buen estudiante, portador de regalos, que él recordaba.

Mi única esperanza fue poder engañarlo durante unas pocas horas.

Una vez dentro de la casa nos sentamos ante una mesa de comedor de nogal, cerca de una ventana por la que se veía la casa del vecino. Morrie se revolvía en su silla de ruedas intentando acomodarse. Como era su costumbre, me ofreció de comer y yo accedí. Uno de sus asistentes, una gruesa mujer italiana llamada Connie, cortó pan y tomates y sirvió fuentes con ensalada de pollo, germen y tabouli.

También sacó unas píldoras. Morrie, luego de mirarlas, suspiró. Tenía los ojos más hundidos de lo que yo los recordaba y sus pómulos más pronunciados. Esto le daba un semblante más severo, más envejecido; hasta que sonreía, con naturalidad, y las flácidas mejillas se corrían como cortinas.

–Mitch —dijo en voz baja—, sabes que me estoy muriendo.

–Me enteré.

–Está bien.

Morrie se tragó las pastillas, dejó a un lado el vaso de papel, aspiró hondo y dijo lo que tenía que decir:

–¿Quieres que te cuente cómo es?

–¿Cómo es? ¿Morirse?

–Sí —me dijo.

Aunque yo no era consciente de ello, acababa de empezar nuestra última asignatura.

Es mi primer año de universitario. Morrie es más viejo que la mayoría de los profesores y yo soy más joven que la mayoría de los estudiantes, pues terminé la preparatoria con un año de adelanto. Para compensar mi juventud, me pongo viejas sudaderas color gris, practico box en un gimnasio local y llevo en la boca un cigarrillo apagado, a pesar de que no fumo. Conduzco un mercury cougar destartalado, con las ventanillas bajas y con la música a gran volumen. Busco mi identidad haciéndome el duro; pero lo que me atrae es la suavidad de Morrie, y como él no me trata como si fuera un muchacho que intenta ser más de lo que es, me tranquilizo.

Termino aquella primera asignatura con él y me matriculo en otra. Es generoso con las calificaciones; no le importan mucho las notas. Cuentan que un año, en la época de la guerra de Vietnam, dio sobresalientes a todos sus alumnos varones para ayudarlos a mantener las prórrogas por estudios.

Empiezo a llamar a Morrie "Entrenador", como solía hacerlo con mi entrenador de atletismo en la preparatoria. A Morrie le gusta el sobrenombre.

–*Entrenador* —*dice. Está bien: seré tu entrenador. Y tú puedes ser mi jugador. Puedes participar en todos los encantadores juegos de la vida para los que yo ya estoy demasiado viejo.*

A veces comemos juntos en la cafetería. Morrie, para mi gran consuelo, es una calamidad todavía mayor que yo comiendo. Habla en vez de masticar, se ríe con la boca llena, expresa un apasionado pensamiento a través de un bocado de ensalada de huevo, mientras le salen disparados fragmentos amarillos de los dientes.

Me mata de risa. Desde que lo conozco, he tenido dos deseos irresistibles: abrazarlo y darle una servilleta.

El aula

El sol entra a raudales por la ventana del comedor, iluminando el suelo de madera. Llevábamos casi dos horas platicando. Una vez más, sonó el teléfono y Morrie pidió a Connie, su asistente, que lo contestara. Ella iba apuntando en la pequeña agenda negra de Morrie los nombres de las personas que llamaban. Amigos. Maestros de meditación. Una tertulia. Uno que quería tomarle fotos para una revista. Estaba claro que no era yo el único interesado en visitar a mi viejo profesor (su aparición en el programa *Nightline* le había traído cierta fama), pero me impresionaba, quizá incluso me provocaba cierta envidia, ver cuántos amigos parecía tener Morrie. Pensé en los "cuates" que anduvieron a mi alrededor en la universidad. ¿Dónde habrán ido a parar?

–Sabes, Mitch, ahora que me estoy muriendo me he vuelto mucho más interesante para la gente.

–Siempre fuiste interesante.

–Ja —dijo Morrie con una sonrisa. Qué amable. "No, no lo soy", pensé.

–Esto es lo que ocurre —me dijo. La gente me ve como si fuera un puente. No estoy tan vivo como antes, pero todavía no estoy muerto. Estoy algo así como... en medio.

Tosió, y recuperó de nuevo su sonrisa.

—Estoy haciendo el último gran viaje y la gente quiere que les diga qué equipaje deben preparar.

Volvió a sonar el teléfono.

—¿Puedes contestar, Morrie? —preguntó Connie.

—En este momento estoy charlando con mi viejo amigo —anunció. Que vuelvan a llamar.

No sabría decir por qué me recibió con tanto calor. Me parecía muy poco ya al estudiante prometedor que se despidió de él hacía dieciséis años. De no haber sido por el programa *Nightline*, Morrie podría haberse muerto sin volver a verme. Y yo no tenía excusa alguna al respecto, si acaso la que parece tener todo el mundo en estos tiempos. Me había dejado arrastrar demasiado por el canto de sirena de mi propia vida. Estaba ocupado.

"¿Qué me ha pasado?", me pregunté a mí mismo. La voz aguda, acre, de Morrie me hizo recordar mis años de universitario, cuando pensaba yo que los ricos eran malos, que la camisa y la corbata eran vestimentas carcelarias y que la vida sin libertad para levantarse e ir adelante —en una moto, con el viento en la cara, paseando por las calles de París, adentrándose en las montañas del Tíbet— no era en absoluto una buena vida. *¿Qué me ha pasado?*

Habían pasado los ochenta. Habían pasado los noventa. Había pasado la muerte, la enfermedad, engordar y quedarme calvo. Había cambiado muchos sueños por unos mayores ingresos, y ni siquiera me di cuenta de lo que hacía.

A pesar de lo cual, allí estaba Morrie hablando con la capacidad de asombro de nuestros años de universidad, como si yo no hubiera hecho más que tomarme unas largas vacaciones.

—¿Has encontrado a alguien con quien compartir tu corazón? —me preguntó.

"¿Estás aportando algo a tu comunidad?"

"¿Estás en paz contigo mismo?"

"¿Estás procurando ser tan humano como te sea posible?"

Me puse violento, intentando dar a entender que me había enfrentado a fondo a estas cuestiones. *¿Qué me ha pasado?* Hubo un tiempo en que me prometí a mí mismo que no trabajaría nunca por dinero, que me afiliaría a los Cuerpos de Paz, que viviría en sitios hermosos e inspiradores.

Y al contrario, ya llevaba diez años viviendo en Detroit, trabajando en un mismo sitio, cliente de un mismo banco, que acudía a un mismo peluquero. Tenía treinta y siete años; era más eficiente que en la universidad, atado como estaba a las computadoras, a los módem y a los teléfonos celulares. Escribía artículos acerca de deportistas enriquecidos, a la mayoría de los cuales la gente como yo no les importaba lo más mínimo. Ya no era más joven que mis compañeros, ni tampoco andaba por ahí con sudaderas ni cigarrillos apagados en la boca. No me embarcaba en largas discusiones sobre el sentido de la vida mientras comía sandwiches de ensalada de huevo.

Mantenía ocupados mis días, pero seguía insatisfecho durante buena parte del tiempo.

¿Qué me ha pasado?

–Entrenador —dije, de pronto, acordándome del sobrenombre.

Morrie sonrió abiertamente.

–Ése soy yo. Todavía soy tu entrenador.

Se rio y siguió comiendo, algo que había empezado hacía cuarenta minutos. Observé que movía las manos con cautela, como si estuviera aprendiendo a servirse de ellas por primera vez. No era capaz de hacer fuerza con el cuchillo. Le temblaban los dedos. Cada bocado era una batalla; masticaba mucho la comida antes de tragar, y a veces se le salía por las comisuras de los labios, de modo que tenía que dejar lo que traía en las manos para limpiarse la cara con una servilleta. Su piel, llena de manchas desde la muñeca hasta los nudillos, la tenía flácida, como la que cuelga de un hueso de pollo con el que se ha hecho caldo.

Pasamos un rato sin hacer nada más que comer, así, un viejo enfermo y un hombre más joven sano, absorbiendo ambos el silencio de la habitación. Hubiera dicho yo que se trataba de un silencio incómodo, pero parecía que el único que estaba incómodo era yo.

–Morirse es sólo una más de las cosas que nos entristecen, Mitch —dijo Morrie de pronto. Vivir infelices es otra cosa. Muchos de los que me vienen a visitar son infelices.

–¿Por qué?

–Bueno, para empezar, la cultura que tenemos no hace que las personas se sientan contentas consigo mismas. Estamos enseñando cosas equivocadas. Y uno ha de tener la fuerza suficiente para decir que si la cultura no funciona, no hay que tragársela. Uno tiene que crearse la suya. La mayoría de las personas no son capaces de hacerlo. Son más infelices que yo, incluso en la situación en que hoy me encuentro. Aunque me esté muriendo, estoy rodeado de almas llenas de amor y de cariño. ¿Cuántas personas pueden decir lo mismo?

Me asombró su absoluta falta de autocompasión. Morrie, que ya no podía bailar, ni nadar, ni bañarse, ni caminar; Morrie, que ya no podía salir a abrir la puerta de su propia casa, ni secarse después de darse un regaderazo, ni siquiera darse la vuelta en la cama. ¿Cómo podía aceptar todo eso de aquella manera? Lo vi luchar con el tenedor, intentando pinchar un trozo de tomate, fracasar en los dos primeros intentos: una escena patética; pero yo no podía negar que el hecho de estar sentado en su presencia me proporcionaba una serenidad casi mágica, la misma brisa calma que me tranquilizaba en los tiempos de la universidad.

Eché una mirada a mi reloj, la fuerza de la costumbre; se hacía tarde, y pensé en cambiar la reservación para mi vuelo de regreso. Entonces Morrie hizo una cosa cuyo recuerdo me persigue hasta hoy.

–¿Sabes cómo voy a morirme? —me dijo.

Levanté las cejas.

–Voy a ahogarme. Sí. Mis pulmones no son capaces de afrontar la enfermedad, debido a mi asma. Esta ELA me va subiendo por el cuerpo. Ya se ha apoderado de mis piernas. Pronto se apoderará de mis brazos y de mis manos. Y cuando me llegue a los pulmones...

Se encogió de hombros.

—...estoy hundido.

Yo no tenía ni idea de qué decir, de modo que agregué:

—Bueno, tú sabes, quiero decir que... nunca se sabe.

Morrie cerró los ojos.

—Lo sé, Mitch. No debes temer por mi muerte. He llevado una buena vida, y todos sabemos lo que va a pasar. Me quedan tal vez cuatro o cinco meses.

—Bueno —dije, nervioso—, nadie puede saber...

—Yo sí puedo —dijo con voz suave. Hasta hay una pequeña prueba. Me la enseñó un médico.

—¿Una prueba?

—Aspira varias veces.

Hice lo que me decía.

—Ahora, aspira una vez más, pero esta vez, mientras espiras, cuenta en voz alta todos los números que puedas antes de volver a respirar.

Espiré contando rápidamente.

—Uno-dos-tres-cuatro-cinco-seis-siete-ocho...

Llegué hasta el setenta antes de perder el aliento.

—Muy bien —dijo Morrie. Tus pulmones están sanos. Ahora bien, mira cómo lo hago yo.

Aspiró, y después empezó a contar con su voz suave y temblorosa.

–Uno-dos-tres-cuatro-cinco-seis-siete-ocho-nueve-diez-once-doce-trece-catorce-quince-dieciséis-diecisiete-dieciocho...

Lo dejó, jadeando por falta de aire.

–La primera vez que el médico me pidió que hiciera esto, yo llegaba al veintitrés. Ahora llego al dieciocho.

Cerró los ojos, negó con la cabeza.

–Tengo el tanque casi vacío.

Me di golpecitos nerviosos en los muslos. Ya era suficiente para una tarde.

–Regresa a ver a tu viejo profesor —me dijo Morrie cuando le di un abrazo de despedida.

Se lo prometí, e intenté no acordarme de la última vez que le había prometido aquello mismo.

Voy a la librería de la universidad a comprar los libros de la lista de lecturas de Morrie. Me llevo unos libros cuya existencia ni siquiera conocía, con títulos tales como Juventud: identidad y crisis, Yo y tú, El yo dividido.

Antes de llegar a la universidad yo no sabía que las relaciones humanas pudieran ser objeto de estudio erudito. No me lo creí hasta que conocí a Morrie.

Porque su pasión por los libros es genuina y contagiosa. A veces empezamos a hablar en serio, después de la clase, cuando el aula se quedaba vacía. Me hace preguntas acerca de mi vida y después saca citas de Erich Fromm, de Martin Buber, de Erik Erikson. Se remite con frecuencia a las palabras de estos autores, involucrando sus propios consejos como notas a pie de página, aunque es evidente que él había pensado las mismas cosas por su cuenta. Es en esas ocasiones cuando me doy cuenta de que, en verdad, es un profesor, y no cualquier tipo. Una tarde me quejo de la confusión propia de mi edad, de la oposición entre lo que se espera de mí y lo que quiero yo mismo.

—¿Te he hablado de la tensión de los opuestos? —me pregunta.

—¿La tensión de los opuestos?

—La vida es una serie de tirones hacia atrás y hacia adelante. Quieres hacer una cosa pero estás obligado a hacer otra diferente. Algo te hace daño, pero tú sabes que no debería hacértelo. Das por supuestas ciertas cosas, aunque sabes que no deberías dar nada por supuesto. Es una tensión de opuestos, como una liga estirada. Y la mayoría de nosotros vive en un punto intermedio.

—Algo parecido a pelea de lucha libre —le digo.

—Una pelea de lucha libre —dice, riéndose. Sí: la vida podría describirse así.

—¿Qué lado gana, entonces? —le pregunto.

—¿Que qué lado gana?

Me sonríe, con sus ojos llenos de arrugas, con sus dientes torcidos.

—Gana el amor. El amor siempre gana.

Pasando lista

Algunas semanas más tarde volé a Londres. Iba a cubrir el campeonato de Wimbledon, el torneo de tenis más importante del mundo; que, además, es una de las pocas actividades que frecuento donde el público nunca abuchea y no encuentras ningún borracho en el estacionamiento. En Inglaterra el tiempo estaba caluroso y nublado, y todas las mañanas recorría a pie las calles bordeadas de árboles cercanas a las pistas de tenis, pasando por donde adolescentes hacían cola para adquirir las entradas que quedaban y vendedores ambulantes ofrecían fresas con nata. Delante de la puerta había un puesto de periódicos que exhibía media docena de periódicos a todo color de la prensa amarillista británica, donde se veían fotos de mujeres con los pechos desnudos, fotos de los paparazzi mostrando a la familia real británica, horóscopos, información deportiva, sorteos y alguna que otra noticia propiamente dicha. El titular más importante del día se copiaba en un pequeño pizarrón que se apoyaba en el último paquete de periódicos, y solía decir algo así como

¡DIANA RIÑE CON CHARLES!; o GAZZA DICE AL EQUIPO: ¡QUIERO MILLONES!

La gente se arrebataba esos periódicos, devoraba sus chismes, y yo hacía lo mismo de siempre que en mis visitas anteriores a Inglaterra. Sin embargo, en esta ocasión y por alguna razón, me di cuenta de que cada vez que leía alguna cosa estúpida o descerebrada pensaba en Morrie. Con frecuencia me lo imaginaba en aquella casa con el falso plátano y los pisos de madera, contándose el aliento, aprovechando al máximo cada momento con sus seres queridos, mientras yo dedicaba tantas horas a cosas que no significaban absolutamente nada para mí: las estrellas de cine, las supermodelos, las últimas declaraciones de lady Di o de Madonna o de John F. Kennedy hijo. Envidiaba, extrañado, la calidad del tiempo de Morrie, a la vez que lamentaba que cada vez dispusiera de menos. ¿Por qué nos preocupábamos por tantas cosas que nos distraían? En mi país estaba en pleno apogeo el juicio de O. J. Simpson, y había personas que renunciaban a sus horas de almuerzo para poder verlo y dejaban grabando el resto para seguirlo viendo por la noche. No conocían a O. J. Simpson. No conocían a nadie que hubiera tenido que ver con el caso; pero renunciaban a días y a semanas enteras de sus vidas, enviciados con el drama de otra persona.

Me acordaba de lo que había dicho Morrie durante mi visita: "La cultura que tenemos no hace que las personas se sientan contentas consigo mismas. [...] Y uno ha de tener la fuerza suficiente para decir que si la cultura no funciona, no hay que tragársela".

Morrie, fiel a estas palabras suyas, había ya desarrollado su cultura propia mucho antes de ponerse enfermo. Tertulias, paseos con amigos, bailar con su música en la iglesia de la plaza Harvard. Había puesto en marcha un proyecto al que llamó Casa Verde, gracias al cual la gente pobre podía disponer de asistencia de salud mental. Leía libros para encontrar ideas nuevas que exponer en sus clases, visitaba y recibía visitas de sus compañeros, seguía en contacto con sus antiguos alumnos, escribía cartas a amigos que estaban lejos. Dedicaba más tiempo a comer y a contemplar la naturaleza y no desperdiciaba el tiempo delante del televisor viendo comedias o "películas de la semana". Se había creado una crisálida de actividades humanas (conversación, trato, afecto), y ésta llenaba su vida como un cuenco de sopa que rebosa.

Yo también había desarrollado mi cultura propia: el trabajo. En Inglaterra colaboraba con cuatro o cinco medios de información, haciendo malabarismos como un payaso. Pasaba ocho horas al día ante la computadora, transcribiendo mis artículos para enviarlos a Estados Unidos. También hacía trabajos de televisión, recorriendo con un equipo diversas partes de Londres. Además, todas las mañanas y tardes enviaba por teléfono crónicas para el radio. Aquella carga de trabajo no era anormal. A lo largo de los años, había tomado al trabajo por compañero y dejado de lado todo lo demás.

En Wimbledon, comía en la pequeña cabina de madera donde trabajaba y a eso no le daba importancia. Un día especialmente loco, una jauría de periodistas había intentado dar caza a André Agassi y a su célebre novia, Brooke Shields, y a mí me había tirado al suelo de un empujón un fotógrafo británico que apenas murmuró "perdón" mientras con prisa seguía adelante con las enormes lentes de su cámara colgadas del cuello. Me acordé de otra cosa que me había dicho Morrie: "Son muchas las personas que van por ahí con una vida carente de sentido. Parece que están medio dormidos, aun cuando están ocupados haciendo cosas que les parecen importantes. Esto se debe a que persiguen cosas equivocadas. La manera en que puedes aportar un sentido a tu vida es dedicarte a amar a los demás, dedicarte a la comunidad que te rodea y dedicarte a crear algo que te proporcione un objetivo y un sentido".

Yo sabía que tenía razón.

Pero no hice nada al respecto.

Cuando terminó el torneo, y después de los incontables cafés que me había tomado para superarlo, apagué mi computadora, recogí mis cosas de la cabina y volví al departamento para hacer el equipaje. Era tarde. En el televisor no se veía más que nieve.

Tomé un avión a Detroit, llegué a última hora de la tarde, me arrastré hasta mi casa y me eché a dormir. Cuando desperté, me enteré de una noticia estremecedora: los sindicatos de mi periódico se habían declarado en huelga. El centro de trabajo estaba cerrado. Había piquetes en la entrada principal y manifestantes que cantaban consignas por la calle. Como miembro del sindicato, no tenía otra elección:

me había quedado de pronto, y por primera vez en mi vida, sin trabajo y enfrentado con mi empresa. Los dirigentes sindicales me llamaban a casa y me advertían que no debía tener contacto alguno con mis antiguos redactores en jefe, muchos de los cuales eran amigos míos; me decían que si intentaban llamarme para exponerme su postura debía colgarles el teléfono.

—¡Vamos a luchar hasta la victoria! —juraban los dirigentes sindicales, como si fueran soldados.

Me sentía confuso y deprimido. Aunque los trabajos para la televisión y para el radio eran un complemento agradable, el periódico había sido mi cordón umbilical, mi oxígeno; cuando cada mañana veía impresos mis artículos, sabía que estaba vivo, al menos en un sentido.

Y ahora lo había perdido. Y a medida que la huelga se iba prolongando (el primer día, el segundo día, el tercer día), recibía llamadas telefónicas preocupadas y oía rumores según los cuales aquello podía prolongarse meses enteros. Todo lo que había yo conocido estaba patas arriba. Cada noche se celebraban actividades deportivas que habría yo cubierto. En vez de eso, me quedaba en casa y las veía por televisión. Me había acostumbrado a creer que los lectores necesitaban, en cierto modo, mi columna. Me asombraba ver la facilidad con que las cosas salían adelante sin mí.

Después de una semana así agarré el teléfono y marqué el número de Morrie. Connie lo llevó hasta el teléfono.

–Vienes a visitarme —me dijo, más como afirmación que como pregunta.
–Bien. ¿Puedo ir?
–¿Qué te parece el martes?
–El martes me viene bien —le dije. El martes estaría muy bien.

En mi segundo año de universidad me matriculo además en otras dos asignaturas suyas. Fuera del aula, nos reunimos de vez en cuando simplemente para charlar. Nunca había hecho algo así con ningún adulto que no fuera pariente mío, pero me siento cómodo al hacerlo con Morrie, y me da la impresión de que está cómodo dedicándome su tiempo.

—¿Dónde nos reuniremos hoy? —me pregunta alegremente cuando entro en su despacho.

En primavera nos sentamos bajo un árbol frente al edificio de Sociología, y en invierno nos sentamos junto a su escritorio, yo con mis sudaderas grises y mis tenis Adidas y Morrie con zapatos Rockport y pantalones de pana. Cada vez que charlamos empieza por escuchar mis divagaciones y a continuación intenta transmitirme alguna especie de lección para la vida. Me advierte que el dinero no es lo más importante, contrariamente a la opinión más generalizada en el campus. Me dice que tengo que ser "plenamente humano". Habla de la alienación de la juventud y de la necesidad de mantener una "conexión" con la sociedad que me rodea. Comprendo algunas de estas cosas, otras no.

No me importa. Los debates me sirven de excusa para hablar con él, y sostener unas conversaciones filiales que no puedo tener con mi propio padre, a quien le gustaría que yo fuera abogado.

A Morrie le repugnan los abogados.

—¿Qué quieres hacer cuando termines la universidad? —me pregunta.

—Quiero ser músico —le digo. Pianista.

—Maravilloso —dice él. Pero es una vida dura.

—Sí.

—Hay muchos buitres.

—Eso he oído decir.

—Aun así, si lo deseas de verdad, harás realidad tu sueño —me dice.

Siento deseos de abrazarlo, de darle las gracias por haber dicho aquello, pero no soy tan efusivo. En vez de eso, me limito a asentir con la cabeza.

—Apuesto a que tocas el piano con mucho brío —dice él.

Me río.

—¿Con brío?

Me devuelve la risa.

—Con brío. ¿Qué pasa? ¿Ya no se dice así?

Primer martes: Hablamos del mundo

Connie abrió la puerta y me hizo pasar. Morrie, en su silla de ruedas, estaba junto a la mesa de la cocina; vestía una camisa de algodón que le quedaba grande y unos pantalones deportivos que le quedaban aún más grandes. Le quedaban grandes porque las piernas se le habían atrofiado hasta quedar más pequeñas que las tallas normales de ropa: uno podía rodear sus muslos con las dos manos tocándose los dedos. Si pudiera ponerse de pie, no mediría más de un metro y medio, y seguro que le vendrían bien unos pantalones de mezclilla de un niño de sexto año.

—Te traje algo —le anuncié, mostrando una bolsa de estraza. Al venir del aeropuerto había pasado por un supermercado cercano y comprado un poco de pavo, ensalada de papa, ensalada de pasta y bagels. Ya sabía que en casa había suficiente comida pero quería contribuir con algo. Me sentía impotente para ayudar a Morrie de algún otro modo. Y me acordé de su afición a comer.

—¡Ah, cuánta comida! —dijo con voz cantarina. Bien pero ahora tienes que comértela conmigo.

Nos sentamos a la mesa de la cocina, rodeada de sillas de mimbre. Esta vez, al no ser necesario poner al día dieciséis años de datos, nos sumergimos rápidamente en las familiares aguas de nuestro antiguo diálogo de la universidad: Morrie me hacía preguntas, escuchaba mis respuestas, se detenía a añadir, como un buen cocinero, el aderezo de algo que a mí se me había olvidado o de lo que no me había dado cuenta. Me interrogó acerca de la huelga del periódico y, fiel a su modo de ser, no fue capaz de comprender por qué los dos bandos no se comunicaban entre sí, simplemente, y resolvían sus problemas. Le dije que no todo el mundo era tan listo como él.

De vez en cuando tenía que hacer una pausa para ir al baño, un proceso que requería cierto tiempo. Connie lo llevaba en su silla de ruedas hasta el excusado y allí lo izaba de la silla para sujetarlo mientras él orinaba en la taza. Cada vez que regresaba parecía cansado.

–¿Recuerdas cuando le dije a Ted Koppel que al cabo de muy poco tiempo alguien tendría que limpiarme el culo? —me dijo.

Me reí.

–Un momento así no se olvida.

–Bueno, pues creo que se acerca ese día. Eso sí que me preocupa.

–¿Por qué?

–Porque es el síntoma definitivo de la dependencia. Que alguien te limpie el trasero. Pero estoy procurando resolverlo. Estoy intentando disfrutar del proceso.

—¿Disfrutar del proceso?

—Sí. Al fin y al cabo, volveré a ser un niño de pecho una vez más.

—Es una manera singular de verlo.

—Bueno, ahora tengo que ver la vida de una manera singular. Afrontémoslo. No puedo ir de compras. No puedo ocuparme de las cuentas del banco. No puedo sacar la basura. Pero puedo sentarme aquí, con mis días menguantes y meditar sobre lo que considero importante en la vida. Cuento con el tiempo y con la lucidez suficientes para hacerlo.

—Así, pues —dije yo, respondiendo de manera reflejamente cínica—, supongo que la clave para encontrar el sentido de la vida es dejar de sacar la basura.

Él se rio, y a mí me alivió que lo hiciera.

Cuando Connie se llevó los platos me fijé en un montón de periódicos que, evidentemente, habían sido leídos antes de mi llegada.

—¿Te molestas en mantenerte al día de las noticias? —le pregunté.

—Sí —dijo Morrie. ¿Te parece extraño? ¿Crees que, como me estoy muriendo, no debería importarme lo que pasa en este mundo?

—Tal vez.

Suspiró.

—Quizá tengas razón. Quizá no debiera importarme. Al fin y al cabo, no estaré aquí para ver en qué acaba todo. Pero es difícil explicarlo, Mitch. Ahora que estoy sufriendo, me siento más cerca que nunca de la gente que sufre. La otra noche vi en televisión a la gente de Bosnia y, cruzando la calle, les disparaban, los mataban, víctimas inocentes... y, simplemente, me eché a llorar. Siento su angustia como si fuera la mía propia. No conozco a ninguna de esas personas. Pero... ¿cómo podría expresarlo? Casi me siento... atraído por ellas.

Se le humedecieron los ojos e intenté cambiar de tema, pero se limpió él la cara y me hizo callar con un gesto.

—Ahora lloro constantemente —me dijo. No importa.

"Asombroso", pensé. Trabajaba yo en el sector de la información y cuando alguien se moría, cubría la información. Entrevistaba a los familiares afligidos. Incluso asistía a los funerales. Y no lloraba nunca. Morrie estaba llorando por el sufrimiento de personas que estaban a medio mundo de distancia. "¿Es esto lo que llega al final?", me pregunté. Es posible que la muerte sea la gran niveladora, la única gran cosa que es capaz de lograr, por fin, que las personas que no se conocen derramen una lágrima las unas por las otras.

Morrie se sonó la nariz ruidosamente con el pañuelo de papel.

—¿No te molesta que un hombre llore, verdad?

—Claro que no —respondí yo, con demasiada precipitación.

Sonrió.

–Ay, Mitch, voy a lograr que te desinhibas. Un día te voy a enseñar que no importa llorar.

–Sí, sí —dije yo.

–Sí, sí —dijo él.

Nos reímos los dos, porque eso mismo decía él casi veinte años atrás. Principalmente, los martes. En realidad, los martes habían sido siempre los días que pasábamos juntos. La mayor parte de mis clases con Morrie tenía lugar los martes, él tenía sus horas de tutoría los martes, y cuando preparé mi tesina, que desde el primer momento se basó buena parte en las sugerencias de Morrie, nos reuníamos los martes ante su escritorio, o en la cafetería, o en la escalinata del edificio Pearlman, para repasar el trabajo.

Así, pues, parecía correcto que volviéramos a reunirnos un martes, allí, en esa casa que tenía en el frente un falso plátano. Cuando me disponía a irme, se lo comenté a Morrie.

–Somos personas de los martes —dijo él.

–Personas de los martes —repetí.

Morrie sonrió.

–Mitch, me preguntaste que por qué me preocupo por personas a las que ni siquiera conozco. Pero ¿quieres que te diga lo que más estoy aprendiendo con esta enfermedad?

–¿Qué es?

–Que lo más importante de la vida es aprender a dar amor y a dejarlo entrar.

Su voz se redujo a un susurro.

–Dejarlo entrar. Creemos que no nos merecemos el amor, creemos que si lo dejamos entrar nos volveremos demasiado blandos. Pero un hombre sabio, que se llamaba Levine, lo expresó con certeza. Dijo: "El amor es el único acto racional".

Lo repitió con cuidado, haciendo una pausa para producir un mayor efecto.

–El amor es el único acto racional.

Asentí con la cabeza como un buen alumno y él suspiró débilmente. Me le acerqué para darle un abrazo. Y después, a pesar de que no es un gesto típico en mí, le di un beso en la mejilla. Sentí sus debilitadas manos sobre mis brazos, la pelusa de su barba rozándome la cara.

–¿Entonces regresarás el martes que viene? —susurró.

Entra en el aula, se sienta, no dice nada. Nos mira, nosotros lo miramos a él. Al principio se oyen algunas risitas, pero Morrie no hace más que encogerse de hombros, y por fin impera un silencio profundo y empezamos a percibir los sonidos más leves, el zumbido del radiador en el rincón del aula, la respiración nasal de un estudiante gordo.

Algunos estamos inquietos. ¿Cuándo va a decir algo? Nos revolvemos, miramos los relojes. Algunos estudiantes miran por la ventana intentando situarse por encima de todo aquello. Esta situación dura sus buenos quince minutos, hasta que por fin Morrie interviene con un susurro.

—¿Qué está pasando aquí? —pregunta.

Y poco a poco se inicia una discusión —lo que pretendía Morrie desde el principio— sobre el efecto del silencio en las relaciones humanas. ¿Por qué nos incomoda tanto el silencio? ¿Por qué encontramos alivio en tanto ruido?

A mí no me molesta el silencio. A pesar de todo el ruido que hago con mis amigos, sigo sin sentirme cómodo al hablar de mis sentimientos ante los demás, sobre todo ante mis compañeros de clase. Podría pasarme horas enteras sentado en silencio si así lo exigiera el programa de la asignatura.

A la salida, Morrie me detiene.
–Hoy no has dicho gran cosa —comenta.
–No sé. Simplemente, no tenía nada que añadir.
–Creo que tienes mucho que añadir. En realidad, Mitch, me recuerdas a un conocido mío al que también le gustaba guardarse las cosas para sí cuando era más joven.
–¿A quién?
–A mí.

Segundo martes:
Hablamos del sentimiento
de lástima por uno mismo

Regresé el martes siguiente. Y durante muchos martes sucesivos. Esperaba aquellas visitas más de lo que cabría suponer, teniendo en cuenta que hacía un viaje de mil kilómetros en avión para sentarme al lado de un moribundo. Pero cuando iba con Morrie me parecía que daba un salto en el tiempo, y más aprecio sentía por mí mismo cuando estaba allí. Ya no alquilaba un teléfono celular para los trayectos en coche desde el aeropuerto. "Que esperen", me decía a mí mismo, imitando a Morrie.

En Detroit la situación del periódico no había mejorado. En realidad se había vuelto cada vez más delirante, con violentos enfrentamientos entre los piquetes de trabajadores y los eventuales que sustituían a los huelguistas, y detenciones y heridos que quedaban tendidos en la calle delante de las camionetas de reparto.

En vista de eso, mis visitas a Morrie me parecían un baño purificador de amabilidad humana. Hablábamos de la vida y hablábamos del amor. Hablábamos de uno de los temas favoritos de Morrie, la compasión, y de por qué nuestra sociedad carecía tanto de ella. Antes de llegar a visitarlo por tercera vez pasé por un supermercado llamado Pan y Circo (había visto bolsas de esta tienda en casa de Morrie e imaginé que le gustaría la comida que vendían allí) y me cargué de recipientes de plástico de la sección de comida preparada para llevar, con cosas tales como fideos con verduras, sopa de zanahoria y baklava.

Cuando entré en el despacho de Morrie le mostré las bolsas como si acabara de asaltar un banco.

–¡El hombre de la comida! —grité.

Morrie puso los ojos en blanco y sonrió.

Mientras tanto, yo buscaba indicios del avance de la enfermedad. Los dedos le funcionaban lo suficiente como para que pudiera escribir con lápiz o tomar los lentes, pero sólo era capaz de levantar los brazos hasta poco más arriba del pecho. Pasaba cada vez menos tiempo en la cocina y en la sala de estar y más en su despacho, donde le habían preparado un sillón reclinable grande con almohadas, mantas y bloques de hulespuma cortados a la medida para que apoyara los pies y para sujetarle las enjutas piernas. Tenía una campanilla al alcance de la mano, y cuando necesitaba que le acomodaran la cabeza o cuando tenía que "ir al excusado", como lo llamaba él, agitaba la campanilla y acudían Connie, Tony, Bertha o Amy, su pequeño ejército de asistentes domésticos. No siempre le resultaba fácil levantar la campanilla, y cuando no era capaz de hacerla sonar se sentía frustrado.

Pregunté a Morrie si sentía lástima de sí mismo.

–A veces, por la mañana —me dijo. Es entonces cuando me lamento. Me palpo el cuerpo. Muevo los dedos y las manos, en la medida en que todavía puedo moverlos, y deploro lo que he perdido. Deploro el modo lento e insidioso en que me estoy muriendo. Pero, a continuación, dejo de lamentarme.

–¿Así de fácil?

–Me permito un buen llanto si lo necesito. Pero después me concentro en todas las cosas buenas que me quedan en la vida. En las personas que vienen a verme. En las anécdotas que voy a oir. En ti, si es martes. Porque somos personas de los martes.

Sonreí. Personas de los martes.

–Mitch, ésa es toda la autocompasión que me concedo. Una poca cada mañana, algunas lágrimas, y eso es todo.

Pensé en todas las personas que yo conocía que se pasaban muchas horas del día sintiendo lástima de sí mismas. ¡Qué útil sería fijar un límite diario a la autocompasión! Unos pocos minutos lacrimosos, y después a seguir adelante con la jornada. Y si Morrie era capaz de hacerlo, con la enfermedad tan horrible que padecía...

–Sólo es horrible si lo consideras así —dijo Morrie. Es horrible ver que mi cuerpo se va consumiendo lentamente hasta quedar en nada. Pero también es maravilloso por todo el tiempo de que dispongo para despedirme. No todos tienen tanta suerte —añadió con una sonrisa.

Lo contemplé en su sillón, incapaz de ponerse de pie, de lavarse, de ponerse los pantalones. ¿Suerte? ¿De verdad había dicho "suerte"?

En una pausa, una vez que Morrie tuvo que ir al baño, hojeé un periódico de Boston que estaba cerca de su sillón. Traía una crónica sobre una pequeña población de leñadores donde dos muchachas adolescentes habían torturado y asesinado a un hombre de setenta y tres años que se había hecho amigo de ellas, y después habían organizado una fiesta en la casa rodante del anciano y exhibido su cadáver. Me topé con otra crónica que hablaba del inminente juicio a un hombre heterosexual que había asesinado a un gay que apareció en un programa de entrevistas de la televisión diciendo que estaba loco por él.

Dejé el periódico. Volvieron a traer a Morrie en su silla de ruedas, sonreía, como siempre, y Connie se dispuso a llevarlo en vilo de la silla de ruedas al sillón reclinable.

–¿Quieres que lo haga yo? —le pregunté.

Se produjo un silencio momentáneo, y ni siquiera estoy seguro de por qué me había ofrecido, pero Morrie miró a Connie y le dijo:

–¿Puedes enseñarle a hacerlo?

–Claro —dijo Connie.

Siguiendo sus instrucciones, me incliné sobre Morrie, uní las manos pasando los antebrazos bajo sus axilas y lo hice pivotar hacia mí, como si estuviera levantando un tronco grande. Después me incorporé, levantándolo a él a la vez. Normalmente, cuando levantas a una persona, esperas que ésta se aferre a su vez a ti con los brazos, pero Morrie no era capaz de hacerlo. La mayor parte de él era un peso muerto, y sentí que su cabeza rebotaba suavemente sobre mi hombro y que su cuerpo caía flácido sobre el mío como una hogaza grande y mojada.

–Aaaah —suspiró con suavidad.

–Ya te tengo, ya te tengo —dije yo.

El tenerlo en los brazos de ese modo me conmovió de una manera que no soy capaz de describir; lo único que puedo decir es que sentí las semillas de la muerte dentro de su cuerpo que se encogía, y cuando lo deposité en el sillón, colocándole la cabeza en las almohadas, comprendí con mucha frialdad que se nos acababa el tiempo.

Y yo tenía que hacer algo.

Es mi tercer año de universidad, 1978, cuando la música disco y las películas de Rocky *causan furor en nuestra cultura. Estamos en una asignatura de sociología poco corriente en la Universidad de Brandeis; se trata de lo que Morrie llama "Procesos de Grupo". Cada semana estudiamos los modos en que los estudiantes del grupo se relacionan entre sí, cómo reaccionan ante la ira, los celos, la atención. Somos ratones de laboratorio humanos. Con mucha frecuencia alguien acaba llorando. Yo lo llamo "la asignatura de los sensibleros". Morrie dice que debo tener mayor amplitud de miras.*

Este día, Morrie dice que tiene preparado un ejercicio para que lo ensayemos. Debemos ponernos de pie, dando la espalda a nuestros compañeros, y dejarnos caer de espaldas confiados en que otro estudiante nos agarrará. La mayoría nos sentimos incómodos al hacerlo y no somos capaces de dejarnos caer más que unos centímetros antes de incorporarnos de nuevo. Nos reímos, avergonzados.

Por último, una estudiante, una muchacha delgada, callada, de pelo negro, que he observado que lleva casi siempre gruesos suéteres blancos de pescador, cruza los brazos sobre el pecho, cierra los ojos, se deja caer hacia atrás y no titubea, como en ese anuncio del té Lipton en que la modelo se deja caer en la alberca.

Tengo durante un momento la seguridad de que se va a caer al suelo. En el último instante, el compañero que se le ha asignado la agarra por la cabeza y por los hombros y con torpeza la levanta.

–¡Bien! —gritan algunos estudiantes. Otros aplauden.

Morrie sonríe por fin.

–Ya lo ves —dice a la joven—: has cerrado los ojos. En eso estribó la diferencia. A veces no eres capaz de creerte lo que ves, tienes que creer lo que sientes. Y si quieres que los demás lleguen a confiar en ti, también tú debes sentir que puedes confiar en ellos, aunque estés a oscuras. Aunque te estés cayendo.

Tercer martes:
Hablamos de los arrepentimientos

El martes siguiente llegué con las habituales bolsas de comida: pasta con elote, ensalada de papa, pie de manzana, y con una cosa más: una grabadora Sony.

–Quiero recordar de qué hablamos —le dije a Morrie. Quiero tener tu voz para poder escucharla... después.

–Cuando me haya muerto.

–No digas eso.

Se rio.

–Mitch, voy a morirme. Y más bien temprano que tarde.

Contempló el nuevo aparato.

–Qué grande es —dijo. Me sentí como un intruso, como solemos sentirnos los periodistas, y empecé a considerar que una grabadora en medio de dos personas que se supone son amigos era un objeto extraño, un oído artificial. Con toda la gente que le pedía a gritos que les dedicara una parte de su tiempo, quizá yo estuviera intentando llevarme demasiado de aquellos martes.

–Escucha —le dije, tomando la grabadora. No

hace falta que utilicemos esto. Si te hace sentir incómodo...

Me hizo callar, sacudió un dedo y después se quitó los lentes y los dejó pendientes del cordón que llevaba al cuello. Me miró con fijeza a los ojos.

–Déjala —me dijo.

La dejé.

–Mitch —siguió diciendo, ahora en voz baja—, no lo entiendes. *Quiero* hablarte de mi vida. Quiero contártela antes de que ya no pueda contártela.

Su voz se redujo a un susurro.

–*Quiero* que alguien oiga mi historia. ¿Quieres oirla tú?

Asentí con la cabeza. Nos quedamos en silencio durante un momento.

–Entonces, ¿está encendida? —dijo.

La verdad era que aquella grabadora se debía a algo más que a la nostalgia. Yo estaba perdiendo a Morrie; todos estábamos perdiendo a Morrie: su familia, sus amigos, sus antiguos alumnos, los profesores compañeros suyos, los amigos de las tertulias políticas que tanto le gustaban, sus antiguos compañeros de baile, todos nosotros. Y supongo que los casetes, como las fotografías y los videos, son un intento desesperado de robar algo de la maleta de la muerte.

Pero también me estaba quedando claro, por su valor, por su humor, por su paciencia y por su franqueza, que Morrie estaba viendo la vida desde un lugar muy diferente del de cualquier otro conocido mío. Desde un lugar más sano. Desde un lugar más sensato. *Y estaba a punto de morirse.*

Si es verdad que cuando uno mira a la muerte cara a cara nos viene una claridad mística de pensamiento, sabía que Morrie quería compartirla. Y yo quería recordarla todo el tiempo que pudiera.

Cuando vi a Morrie en *Nightline* me pregunté de qué tenía que arrepentirse ahora que sabía que su muerte era inminente. ¿Lamentaba la pérdida de algunos de sus amigos? ¿Le gustaría haber hecho muchas cosas de otra manera? Egoístamente, me pregunté si, encontrándome en su lugar, me consumiría pensando con tristeza en todo lo que me había perdido. ¿Me arrepentiría de haberme guardado ciertos secretos?

Cuando de esto hablé con Morrie, asintió con la cabeza.

–Todo el mundo se preocupa por eso, ¿verdad? ¿Y si hoy fuera mi último día sobre la tierra?

Estudió mi rostro, percibiendo quizá cierta ambivalencia en mis propias decisiones. Yo me veía a mí mismo derrumbándome un día sobre mi escritorio mientras redactaba un artículo; mis redactores en jefe se apoderaban del texto mientras los enfermeros se llevaban mi cadáver.

–Mitch... —dijo Morrie.

Sacudí la cabeza sin decir nada. Pero Morrie se dio cuenta de mi titubeo.

–Mitch —dijo—, esta cultura no te estimula a pensar en esas cosas hasta que estás a punto de morir. Mucho nos absorben asuntos egocéntricos: nuestra carrera profesional, la familia, tener dinero suficiente, pagar la hipoteca, comprarnos un coche nuevo, arreglar el radiador cuando se descompone; estamos muy ocupados con billones de pequeñas acciones que sólo sirven para salir adelante. De modo que no adquirimos la costumbre de contemplar nuestras vidas desde fuera y decirnos: "¿Esto es todo? ¿Es esto todo lo que quiero? ¿Me falta algo?".

Hizo una pausa.

–Necesitas que alguien te empuje en ese sentido. No va a ocurrir de manera automática.

Entendí lo que me decía. Todos necesitamos maestros en nuestras vidas.

Y el mío estaba sentado delante de mí.

"Está bien —pensé. Si yo iba a ser el alumno, sería tan buen alumno como me fuera posible."

Camino a casa aquel día, en el avión, preparé en un block de hojas amarillas una breve lista de asuntos y cuestiones con las que todos tenemos que enfrentarnos, desde la felicidad hasta la muerte, pasando por la vejez y tener hijos. Naturalmente, había un millón de libros de autoayuda sobre estos temas, y muchos programas de televisión por cable, y sesiones de consulta a 90 dólares la hora. Estados Unidos se había convertido en un mercado persa de la autoayuda.

Pero, al parecer, todavía no existían respuestas claras.

¿Tenemos que cuidar de los demás, o tenemos que cuidar de nuestro "niño interior"? ¿Tenemos que volver a los valores tradicionales, o tenemos que rechazar la tradición por inútil? ¿Tenemos que buscar el éxito, o la sencillez? ¿Tenemos que "simplemente, decir que no" o "simplemente, hacerlo"?*

Lo único que sabía yo era esto: Morrie, mi viejo profesor, no había entrado en el negocio de la autoayuda. Estaba en la vía del tren oyendo el silbido de la locomotora de la muerte, y tenía muy claras las cosas importantes de la vida.

Yo deseaba aquella claridad. Todas las almas confusas y atormentadas que conocía deseaban aquella claridad.

—Pregúntame cualquier cosa —decía siempre Morrie.

Así que escribí esta lista:
✓ La muerte
✓ El miedo
✓ La vejez
✓ La codicia
✓ El matrimonio
✓ La familia
✓ La sociedad
✓ El perdón
✓ Una vida con sentido

---

* *Just say No* y *Just do it* son dos slogans de los noventa. El primero, de una campaña contra las drogas; el segundo, de una marca de artículos deportivos. Fuera de su contexto, su mensaje es claramente contradictorio. *(N. del T.)*

Yo llevaba la lista en mi bolsa cuando regresé a West Newton por cuarta vez, un martes a finales de agosto en que no funcionaba el aire acondicionado del aeropuerto Logan y la gente se abanicaba y se secaba con rabia el sudor de la frente, y todas las caras que veía daban la impresión de estar dispuestas a matar a alguien.

Al comienzo de mi último año, he cursado tantas asignaturas de sociología que sólo me faltan unos pocos créditos para licenciarme. Morrie me sugiere que redacte una tesina.
 —¿Yo? —le pregunto. ¿De qué podría tratar?
 —¿Qué te interesa? —me pregunta.
 Nos devolvemos mutuamente la pelota hasta que nos decidimos al fin por los deportes, ni más ni menos. Emprendo un proyecto de todo un año sobre el modo en que el futbol americano se ha convertido en Estados Unidos en un ritual, en casi una religión, en un opio del pueblo. No tengo ni idea de que con ello me estoy preparando para mi futura carrera profesional. Lo único que sé es que me permite pasar otra serie de sesiones semanales con Morrie.
 Y, con su ayuda, en la primavera tengo una tesina de ciento doce páginas, bien preparada, anotada, documentada, y encuadernada elegantemente en piel negra. Se la enseño a Morrie con el orgullo de un jugador de beisbol de la liga infantil que recorre las bases para anotar su primera carrera.
 —Felicidades —dice Morrie.
 Sonrío mientras él la hojea, y recorro su despacho

con la mirada. Las estanterías de libros, el suelo de madera, la alfombra, el sofá. Pienso para mis adentros que me he sentado en casi todos los sitios donde es posible sentarse en esta habitación.

–No sé, Mitch –dice Morrie pensativo, ajustándose los lentes mientras lee–; con un trabajo como éste, quizá tengamos que hacer que vuelvas para que curses estudios de posgrado.

–Ya, ya –digo yo.

Me río por lo bajo pero la idea me parece atractiva por un momento. Una parte de mí tiene miedo de dejar la universidad. Otra parte de mí quiere desesperadamente irse. La tensión de los opuestos. Contemplo a Morrie mientras lee mi tesina y me pregunto cómo será el ancho mundo allí fuera.

El audiovisual, segunda parte

El programa *Nightline* decidió emitir un segundo reportaje sobre Morrie, debido en parte a la buena acogida que había tenido el primero. En esta ocasión, cuando entraron por la puerta las cámaras y los productores, se sentían ya como si fueran de la familia. Y el propio Koppel estaba apreciablemente más afable. No hubo ningún proceso de tanteo, ninguna entrevista antes de la entrevista. Para trabar contacto, Koppel y Morrie se contaron mutuamente cosas de su infancia: Koppel habló de cómo se había criado en Inglaterra, y Morrie de cómo se había criado en el Bronx. Morrie llevaba una camisa azul de manga larga —tenía frío casi siempre, hasta cuando hacía treinta y dos grados a la intemperie—, pero Koppel se quitó el saco e hizo la entrevista con camisa y corbata. Era como si Morrie lo fuera desmembrando, quitándole las capas de una en una.

–Tienes buen aspecto —dijo Koppel, cuando empezaron a rodar las cámaras.
–Eso me dicen todos —dijo Morrie.
–Pareces animado.

—Eso me dicen todos.

—Entonces, ¿cómo sabes que las cosas van cuesta abajo?

Morrie suspiró.

—Nadie puede saberlo..., Ted. Pero yo lo sé.

Y cuando siguió hablando, saltó a la vista. Ya no agitaba las manos para recalcar sus palabras con tanta libertad como lo había hecho en la primera conversación entre ambos. Le costaba trabajo pronunciar ciertas palabras: parecía que el sonido de la letra ele se le atascaba en la garganta. Al cabo de algunos meses, quizá no sería capaz de hablar en absoluto.

—Te diré cómo funcionan mis emociones —dijo Morrie a Koppel. Cuando aquí hay gente y amigos, estoy muy animado. Las relaciones de amor me sostienen. Pero hay días en que estoy deprimido. No quiero engañarte. Veo que pierdo algunas cosas y me viene una sensación de temor. ¿Qué voy a hacer sin mis manos? ¿Qué va a pasar cuando no pueda hablar? Lo de tragar no me preocupa tanto: me darán de comer por un tubo, ¿y qué? Pero ¿y mi voz?, ¿y mis manos? Son una parte esencial de mí. Hablo con mi voz. Hago gestos con las manos. Así es como doy algo a las personas.

—¿Cómo les darás algo cuando ya no puedas hablar? —le preguntó Koppel.

Morrie se encogió de hombros.

—Quizá pida que todos me hagan preguntas que pueda responder con un "sí" o un "no".

Fue una respuesta tan sencilla que Koppel no

pudo dejar de sonreir. Interrogó a Morrie acerca del silencio. Él le habló de un amigo querido, Maurie Stein, que había sido quien envió los aforismos de Morrie al *Boston Globe*. Habían trabajado juntos en la Universidad de Brandeis desde principios de los sesenta. Ahora, Stein se estaba quedando sordo. Koppel se imaginó a los dos hombres juntos algún día, uno incapaz de hablar, el otro incapaz de oir. ¿Cómo sería aquello?

–Nos tomaremos de la mano —dijo Morrie. Y nos transmitiremos mucho amor. Hemos vivido treinta y cinco años de amistad, Ted. No hace falta hablar ni oir para sentirlo.

Antes de terminar el programa, Morrie leyó a Koppel una de las cartas que había recibido. Desde la emisión del primer programa de *Nightline* se había recibido mucha correspondencia. Una carta, en concreto, era de una maestra de Pensilvania que impartía una clase especial a la que asistían nueve niños; todos los niños de aquella clase habían sufrido la muerte de uno de sus padres.

–He aquí la carta que le envié yo —dijo Morrie a Koppel, mientras se calaba cuidadosamente los lentes en la nariz y en las orejas:

–Querida Bárbara... Me conmovió mucho tu carta. Me parece que el trabajo que realizas con los niños que han perdido a uno de sus padres es muy importante. Yo también perdí a uno de mis padres a una edad temprana...

De pronto, mientras las cámaras seguían zumbando, Morrie se ajustó los lentes. Se detuvo, se mordió el labio y le embargó la emoción. Le cayeron lágrimas por la nariz.

—Perdí a mi madre cuando era niño... y fue un gran golpe para mí... Me hubiera gustado estar en un grupo como el tuyo, donde poder hablar de mis penas. Habría ingresado en tu grupo porque...

Se le quebró la voz.

—Porque estaba muy solo...

—Morrie —dijo Koppel—, hace setenta años que murió tu madre. ¿Todavía perdura tu dolor?

—Ya lo creo —susurró Morrie.

El profesor

Tenía ocho años. Llegó un telegrama del hospital, y como su padre, inmigrante ruso, no sabía leer inglés, fue Morrie quien tuvo que darle la noticia al leer la notificación de la muerte de su madre como un alumno ante la clase.

–Lamentamos informarle... —empezó a leer.

La mañana del funeral, los parientes de Morrie bajaron por la escalera de su edificio de departamentos en el Lower East Side, un barrio pobre de Manhattan. Los hombres vestían trajes oscuros, las mujeres llevaban velos. Los niños del barrio iban camino de la escuela y, cuando pasaron a su lado, Morrie bajó la vista, avergonzado de que sus compañeros de clase lo vieran así. Una de sus tías, una corpulenta mujer, agarró a Morrie y se puso a gemir:

–¿Qué vas a hacer sin tu madre? *¿Qué va a ser de ti?*

Morrie rompió a llorar. Sus compañeros de clase se echaron a correr.

En el cementerio, Morrie vio cómo echaban tierra en la tumba de su madre. Intentó recordar los momentos de ternura que habían compartido en vida de ella. Había manejado una tienda de dulces hasta que cayó enferma, y desde entonces pasó casi todo el tiempo durmiendo o sentada junto a la ventana, con un aspecto frágil y débil. A gritos llamaba a su hijo para pedirle una medicina, y el pequeño Morrie, que jugaba beisbol en la calle, fingía que no la oía. Creía para sus adentros que podía hacer que desapareciera la enfermedad a fuerza de no hacerle caso.

¿De qué otra manera puede afrontar la muerte un niño?

El padre de Morrie, al que todos llamaban Charlie, había venido a Estados Unidos para no tener que ingresar en el ejército ruso. Trabajaba en el ramo de la peletería, pero siempre estaba desempleado. Como no tenía estudios y apenas sabía hablar inglés, era terriblemente pobre, y la familia pasaba muchas temporadas viviendo de la beneficencia. Su departamento era un lugar oscuro, estrecho, deprimente, atrás de la tienda de dulces. No tenían lujos. No tenían coche. A veces, para ganar algún dinero, Morrie y su hermano pequeño, David, lavaban juntos los escalones de los porches por cinco centavos.

Tras la muerte de su madre, enviaron a los dos niños a un pequeño albergue en los bosques de Connecticut, donde varias familias compartían una cabaña grande y una cocina común. Sus parientes pensaron que el aire puro sería bueno para los niños. Morrie y David no habían visto nunca tanta vegetación, y corrían y jugaban por el campo. Una noche, después de cenar, salieron a dar un paseo y empezó a llover. En vez de regresar a casa, pasaron varias horas chapoteando bajo la lluvia.

A la mañana siguiente, cuando se despertaron, Morrie saltó de la cama.

–Vamos —dijo a su hermano. Levántate.
–No puedo.
–¿Qué quieres decir?
David tenía el terror escrito en el rostro.
–No puedo... moverme.
Tenía polio.

Naturalmente, aquello no se debió a la lluvia. Pero un niño de la edad de Morrie no fue capaz de entenderlo. Durante mucho tiempo —mientras internaban periódicamente a su hermano en un sanatorio especial y lo obligaban a llevar aparatos en las piernas, que le hacían cojear—, Morrie se sintió responsable.

Así, pues, iba a la sinagoga por las mañanas, solo, pues su padre no era devoto, y se quedaba de pie entre los hombres, que se balanceaban con sus largos abrigos negros, y pedía a Dios que cuidara de su madre muerta y de su hermano enfermo.

Y por las tardes se ponía al pie de las escaleras del metro y vendía revistas; todo el dinero que ganaba lo entregaba a su familia para comprar comida.

Por las noches veía a su padre comer en silencio, esperando una muestra de afecto, de comunicación, de calor, pero sin recibirla nunca.

A los nueve años sentía sobre sus hombros el peso de una montaña.

Pero al año siguiente entró en la vida de Morrie un abrazo salvador: una madrastra, Eva. Una inmigrante rumana pequeña, de rasgos corrientes, con el pelo castaño y rizado y con la vitalidad de dos mujeres. Tenía un brillo que inundaba de calor el ambiente, lóbrego por lo demás, que creaba el padre. Hablaba cuando su nuevo marido estaba callado, cantaba a los niños por la noche. Morrie encontraba consuelo en su voz tranquilizadora, en las lecciones escolares que les daba, en su carácter fuerte. Cuando su hermano regresó del sanatorio, llevando todavía aparatos en las piernas por la polio, los dos compartieron una cama plegable en la cocina del departamento y Eva les daba un beso al acostarse. Morrie esperaba aquellos besos como un cachorro espera su leche, y sentía, muy dentro de sí, que volvía a tener madre.

Pero no salían de su pobreza. Vivían por entonces en el Bronx, en un departamento de un dormitorio en un edificio de ladrillos rojos en la avenida Tromont, junto a una cervecería italiana con terraza al aire libre donde los viejos jugaban a las bochas las tardes de verano. A causa de la Depresión, el padre de Morrie encontraba todavía menos trabajo en el ramo de la peletería. A veces, cuando la familia se sentaba a cenar, lo único que Eva podía darles era pan.

–¿Qué más hay? —preguntaba David.

–Nada más —respondía ella.

Cuando arropaba a Morrie y a David en la cama, les cantaba en yiddish. Hasta las canciones eran tristes y hablaban de pobreza. Había una de una niña que intentaba vender cigarrillos:

Por favor, cómprenme mis cigarrillos.
Están secos, no los ha mojado la lluvia.
Tengan piedad de mí, tengan piedad de mí.

Con todo, a pesar de sus circunstancias, a Morrie le enseñaron a amar y a querer. Y a aprender. Eva no aceptaba más que las mejores calificaciones posibles en la escuela, pues veía que la educación era el único antídoto para su pobreza. Ella misma asistía a la escuela nocturna para mejorar su inglés. El amor de Morrie al estudio se incubó en sus brazos.

Estudiaba por la noche, a la luz de la lámpara de la mesa de la cocina. Y por las mañanas iba a la sinagoga para recitar el yizkor, la oración en recuerdo de los muertos, por su madre. Lo hacía para mantener vivo su recuerdo. Aunque parezca increíble, el padre de Morrie le había dicho que no hablara nunca de ella. Charlie quería que el pequeño David creyera que Eva era su madre natural.

Era una carga terrible para Morrie. Durante años enteros, la única prueba que tuvo Morrie de la existencia de su madre fue el telegrama que había notificado su muerte. Lo había escondido el día que llegó.

Lo conservó durante el resto de su vida.

Cuando Morrie fue adolescente, su padre lo llevó a una fábrica de peletería donde trabajaba. Era en tiempos de la Depresión. Pretendía encontrar trabajo para Morrie.

Entró en la fábrica y sintió inmediatamente

que las paredes se le venían encima. La sala era oscura y calurosa; las ventanas estaban cubiertas de mugre; y las máquinas, muy juntas, giraban como las ruedas de un tren. Los pelos de las pieles volaban por el aire cargando el ambiente, y los trabajadores que cosían las pieles estaban inclinados sobre sus agujas mientras el jefe recorría las filas y les gritaba que trabajaran más deprisa. Morrie apenas podía respirar. Estaba de pie junto a su padre, paralizado de miedo, esperando que el jefe no le gritara también a él.

En el descanso para la comida, el padre de Morrie lo llevó con el jefe y lo puso frente a él de un empujón, mientras preguntaba si había trabajo para su hijo. Pero apenas había trabajo para los adultos, y ninguno quería dejarlo.

Aquello fue una bendición para Morrie. Le repugnaba aquel lugar. Hizo otro voto que mantuvo hasta el final de su vida: que no trabajaría nunca explotando a otra persona y que no consentiría nunca ganar dinero a costa del sudor de otros.

—¿Qué vas a hacer? —le preguntaba Eva.

—No lo sé —decía él. Descartó el derecho porque no le gustaban los abogados, y descartó la medicina porque no soportaba ver sangre.

—*¿Qué vas a hacer?*

El mejor profesor que yo he tenido jamás se hizo maestro sólo por eliminación.

*Un maestro afecta a la eternidad;
nunca sabe dónde termina su influencia.*

Henry Adams

Cuarto martes:
Hablamos de la muerte

—Vamos a empezar con esta idea —dijo Morrie—: todo el mundo sabe que se va a morir pero nadie se lo cree.

Aquel martes estaba con talante metódico. El tema era la muerte, el primero de los enunciados de mi lista. Antes de mi llegada, Morrie había escrito algunas notas en pedazos de papel blanco para no olvidarse de lo que quería decir. Su letra temblorosa ya era incomprensible para todos menos para él. Faltaba poco ya para el día del trabajo,* y veía yo por la ventana del despacho los setos de color de espinaca del patio trasero y oía los gritos de los niños que jugaban en la calle en su última semana de libertad antes del comienzo de las clases.

Allá en Detroit, los huelguistas del periódico organizaban una enorme manifestación para el día de la fiesta, con el fin de demostrar la solidaridad de los sindicatos en contra de la dirección. Durante el

---

* En Estados Unidos, el primer lunes de septiembre. *(N. del T.)*

vuelo había leído del caso de una mujer que había matado a tiros a su marido y a sus dos hijas cuando dormían, y que alegaba que los había querido proteger de "la gente mala". En California, los abogados del juicio de O. J. Simpson se estaban convirtiendo en personajes muy famosos.

Allí, en el despacho de Morrie, la vida se vivía día a día y cada día era precioso. Ahora estábamos sentados los dos a poca distancia de la última novedad de la casa: un aparato de oxígeno. Era pequeño y portátil, llegaba aproximadamente a la altura de la rodilla. Algunas noches, cuando Morrie no aspiraba el aire suficiente para poder tragar, se conectaban a la nariz los largos tubos de plástico que se le adherían a los orificios nasales como una sanguijuela. No me gustaba nada la idea de que Morrie estuviera conectado a una máquina, e intentaba no mirarla mientras él hablaba.

–Todo el mundo sabe que se va a morir —volvió a decir— pero nadie se lo cree. Si nos lo creyéramos, haríamos las cosas de otra manera.

–De modo que nos engañamos acerca de la muerte —dije yo.

–Sí. Pero existe un planteamiento mejor. El de saber que te vas a morir y estar preparado en cualquier momento. Eso es mejor. Así, puedes llegar a estar verdaderamente más comprometido en tu vida mientras vives.

–¿Cómo puede uno estar preparado para morir? —dije.

–Haz lo que hacen los budistas. Haz que todos los días se te pose en el hombro un pajarito que te pregunta: "¿Es éste el día? ¿Estoy preparado? ¿Estoy haciendo todo lo que tengo que hacer? ¿Estoy siendo la persona que quiero ser?".

Volteó la cabeza hacia su hombro, como si tuviera allí al pajarito en aquel momento.

–¿Es éste el día en que voy a morir?

Morrie tomaba libremente ideas de todas las religiones. Había nacido judío pero se había vuelto agnóstico en su adolescencia, debido en parte a todo lo que le había pasado de niño. Le gustaban algunas ideas filosóficas del budismo y del cristianismo, y seguía sintiéndose a gusto dentro de la cultura del judaísmo. Era un ecléctico en cuestión de religión, y esto le había hecho ser todavía más receptivo a los estudiantes que fueron sus alumnos a lo largo de los años. Y las cosas que dijo en sus últimos meses sobre la tierra parecían trascender todas las diferencias religiosas. Es un efecto característico de la muerte.

–La verdad, Mitch —me dijo—, es que cuando aprendes a morir, aprendes a vivir.

Asentí con la cabeza.

–Voy a decirlo otra vez —dijo. Cuando aprendes a morir, aprendes a vivir.

Sonrió, y yo me di cuenta de lo que pretendía. Se estaba asegurando de que yo absorbía aquella idea sin avergonzarme haciéndole una pregunta. Era una de las virtudes que lo convertían en un buen maestro.

–¿Pensabas mucho en la muerte antes de ponerte enfermo? —le pregunté.

–No —respondió Morrie, sonriendo. Era como todos. Una vez le dije a un amigo mío, en un momento de exuberancia: "¡Voy a ser el viejo más sano que hayas conocido nunca!".

–¿Qué edad tenías?

–Sesenta y tantos.

–Así que eras optimista.

–¿Por qué no? Como ya he dicho, nadie se cree de verdad que se va a morir.

–Pero todo el mundo conoce a alguien que se ha muerto —dije yo. ¿Por qué es tan difícil pensar en morirse?

–Porque la mayoría de nosotros va por ahí como sonámbulo —siguió diciendo Morrie. En realidad, no conocemos el mundo a plenitud, porque estamos medio dormidos, haciendo las cosas que automáticamente creemos que debemos hacer.

–¿Y el hecho de enfrentarse a la muerte lo cambia todo?

–Pues, sí. Te quitas de encima todas esas tonterías y te centras en lo esencial. Cuando te das cuenta de que te vas a morir, lo ves todo de una manera muy diferente.

Suspiró.

–Aprende a morir y aprenderás a vivir.

Advertí que ahora temblaba cuando movía las manos. Tenía los lentes colgados al cuello, y cuando se los llevaba a los ojos le resbalaban por las sienes, como si intentara ponérselos a otra persona a oscuras. Lo ayudé con la mano a colocárselos en las orejas.

–Gracias —susurró Morrie. Cuando le rocé la

cabeza con la mano, sonrió. El menor contacto humano le producía una alegría inmediata.

—Mitch. ¿Puedo decirte una cosa?

—Claro —dije yo.

—Quizá no te guste.

—¿Por qué no?

—Bueno, la verdad es que si escucharas de verdad al pajarito que está posado en tu hombro, *si aceptaras que puedes morirte en cualquier momento*... entonces quizá no fueras tan ambicioso como eres.

Esbocé una leve sonrisa forzada.

—Las cosas a las que dedicas tanto tiempo, todo ese trabajo que haces, podrían parecerte menos importantes. Podrías tener que hacerle lugar a cosas más espirituales.

—¿Cosas espirituales?

—No te gusta esa palabra, ¿verdad? Te parece sensiblera.

—Bueno... —dije yo.

Él intentó guiñarme un ojo, con poco éxito, y yo me derrumbé y me eché a reir.

—Mitch —dijo él, riendo conmigo—, ni siquiera yo sé qué significa el "desarrollo espiritual". Pero sí sé que nos falta algo. Estamos demasiado comprometidos con las cosas materiales y éstas no nos satisfacen. Las relaciones de amor que mantenemos, el universo que nos rodea, son cosas que damos por supuestas.

Señaló con la cabeza la ventana, por donde entraba a raudales la luz del sol.

—¿Ves eso? Tú puedes ir allá fuera, al aire libre, en cualquier momento. Puedes dar una vuelta a la manzana corriendo y hacer locuras. Yo no puedo hacerlo. No puedo salir. No puedo correr. No puedo estar allá fuera sin miedo a ponerme enfermo. Pero ¿sabes una cosa? Yo aprecio esa ventana más que tú.

–¿La aprecias?

–Sí. Me asomo a esa ventana todos los días. Advierto los cambios de los árboles, la fuerza del viento. Es como si viera realmente el paso del tiempo por esa ventana. Como sé que mi tiempo casi se ha agotado, me siento atraído por la naturaleza como si la viera por primera vez.

Calló, y pasamos un momento sin hacer otra cosa que mirar por la ventana. Intenté ver lo que él veía. Intenté ver el tiempo y las estaciones, el transcurso de mi vida a cámara lenta. Morrie dejó caer ligeramente la cabeza y la volteó hacia su hombro.

–¿Es hoy, pajarito? —preguntó. ¿Es hoy?

Morrie seguía recibiendo cartas de todo el mundo, gracias a sus apariciones en *Nightline*. Se sentaba, cuando tenía fuerzas, y dictaba las cartas de respuesta a sus amigos y familiares que se reunían para hacer sesiones de redacción de cartas.

Un domingo, cuando sus hijos, Rob y Jon, estaban en su casa, se reunieron todos en la sala de estar. Morrie sentado en su silla de ruedas, con sus delgadas piernas cubiertas por una manta. Cuando sintió frío, uno de sus asistentes le puso sobre los hombros un saco de poliéster.

—¿Cuál es la primera carta? —dijo Morrie.

Un compañero suyo leyó una nota de una mujer llamada Nancy que había perdido a su madre, víctima de la ELA. Le escribía para decirle lo mucho que había sufrido por la pérdida y que sabía lo mucho que debía estar sufriendo Morrie también.

—Está bien —dijo Morrie cuando terminó la lectura de la carta. Cerró los ojos.

—Vamos a empezar diciendo: "Querida Nancy, me has conmovido mucho con lo que me has contado de tu madre. Y comprendo lo que has pasado. Hay tristeza y sufrimiento por ambas partes. El dolor por la pérdida me ha hecho bien a mí, y espero que también te haya hecho bien a ti".

—Quizá debas cambiar la última frase —dijo Rob.

Morrie reflexionó un momento y dijo:

—Tienes razón. ¿Qué te parece: "Espero que puedas encontrar el poder sanador del dolor por la pérdida"? ¿Está mejor así?

Rob asintió con la cabeza.

—Añade: "Gracias, Morrie" —dijo Morrie.

Leyeron otra carta de una mujer llamada Jane que le agradecía sus palabras inspiradoras en el programa *Nightline*. Lo calificaba de profeta.

—Es un elogio muy grande —dijo un compañero. Profeta.

Morrie torció el gesto. Evidentemente, no estaba de acuerdo con aquel calificativo.

—Vamos a darle las gracias por sus grandes elogios. Y díganle que me alegro de que mis palabras significaran algo para ella. Y no olviden firmar "Gracias, Morrie".

Había una carta de un hombre de Inglaterra que había perdido a su madre y que pedía a Morrie que lo ayudara a ponerse en contacto con ella a través del mundo espiritual. En otra carta una pareja quería desplazarse a Boston en coche para conocerlo. Había una larga carta de una antigua alumna de posgrado que le contaba su vida después de dejar la universidad. Hablaba de un asesinato seguido de suicidio y de tres partos de niños muertos. Hablaba de su madre, que había muerto de la ELA. Manifestaba su temor de que ella, la hija, contrajera también la enfermedad. Seguía y seguía. Dos páginas. Tres páginas. Cuatro páginas.

Morrie soportó todo el largo y sombrío relato. Cuando terminó por fin, dijo suavemente:

—Bueno, ¿qué respondemos?

El grupo se quedó en silencio. Al cabo, Rob dijo:

—¿Qué les parece: "Gracias por tu larga carta"?

Todos rieron. Morrie miró a su hijo y sonrió con alegría.

En el periódico que está cerca de su sillón hay una foto del lanzador de un equipo de beisbol de Boston que sonríe después de haber ganado el partido sin que anotara el equipo contrario. Pienso para mis adentros que, con todas las enfermedades que existen, Morrie ha tenido que contraer una que lleva el nombre de un deportista.

—¿Te acuerdas de Lou Gehrig? —le pregunto.

—Recuerdo su despedida en el estadio.

—¿Así que recuerdas su frase famosa?

—¿Cuál?

—Vamos. La de Lou Gehrig, "el orgullo de los Yankees". El discurso que resonó por los altavoces.

—Recuérdamelo —dice Morrie. Repite el discurso.

Oigo por la ventana abierta el ruido de un camión de la basura. Aunque hace calor, Morrie lleva una camisa de manga larga, una manta sobre las piernas, tiene la piel pálida. La enfermedad lo posee.

Levanto la voz e imito a Gehrig, como si las palabras retumbaran por las tapias del estadio:

–Hooooy... siento que soooy... el hombre más afortunadooo... sobre la faz de la tierra...

Morrie cierra los ojos y asiente despacio con la cabeza.

–Sí. Bueno. Yo no he dicho eso.

Quinto martes:
Hablamos de la familia

Era la primera semana de septiembre, la semana del regreso a las clases, y después de treinta y cinco otoños consecutivos a mi viejo profesor no lo esperaba una clase en un campus universitario. Y Boston se llenaba de estudiantes que estacionados en doble fila en las calles aledañas descargaban sus equipajes. Y allí estaba Morrie, en su despacho. Parecía fuera de lugar, como esos jugadores de futbol americano que por fin se retiran y tienen que enfrentar un primer domingo en su casa frente al televisor pensando "yo todavía podría hacer eso". A lo largo de mis relaciones con esos jugadores aprendí que es mejor dejarlos en paz cuando la temporada empieza otra vez. No hay que decirles nada. Aunque, por otra parte, no me hacía falta recordarle a Morrie que se le acababa el tiempo.

Para grabar nuestras conversaciones, habíamos descartado los micrófonos de mano, puesto que a Morrie le costaba demasiado trabajo sujetar cualquier cosa durante tanto tiempo, y usábamos los micrófonos miniatura que suelen emplear los presentadores de televisión. Estos micrófonos se pueden sujetar en el cuello o la solapa de la ropa. Naturalmente, como Morrie sólo usaba camisas de algodón que conforme él se encogía, le colgaban cada vez más sobre su cuerpo, el micrófono se hundía y se movía y tenía yo que acercarme a ajustarlo con frecuencia. Parecía que eso le gustaba a Morrie, pues así me acercaba al alcance de sus brazos, y su necesidad de afecto físico era más intensa que nunca. Cuando me inclinaba sobre él, oía su dificultosa respiración y su tos débil, y chascaba con suavidad los labios antes de tragar.

—Bueno, amigo mío —dijo—, ¿hoy de qué hablamos?

—¿Qué te parece si hablamos de la familia?

—De la familia.

Reflexionó un momento.

—Bueno, ya ves, ahí está la mía, a mi alrededor.

Indicó con la cabeza las fotos de la estantería, en las que se veía a Morrie de niño con su abuela; a Morrie de joven con su hermano, David; a Morrie con su mujer, Charlotte; a Morrie con sus dos hijos, Rob, que es periodista en Tokio, y Jon, que es técnico en informática en Boston.

—Creo que, a la luz de lo que hemos estado hablando todas estas semanas, la familia resulta más importante todavía —dijo. La verdad es que hoy la gente no tiene cimientos, no tiene una base segura, si no es la familia. Me ha quedado muy claro desde que estoy enfermo. Si no tienes el apoyo, el amor, el cariño y la dedicación que te ofrece una familia, no tienes gran cosa. El amor tiene una suprema importancia. Como dijo nuestro gran poeta Auden, "amarse los unos a los otros o morir".

Anoté eso.

–"Amarse los unos a los otros o morir." ¿Lo dijo Auden?

–"Amarse los unos a los otros o morir." —dijo Morrie. Está bien, ¿verdad? Y es muy cierto. Sin amor, somos pájaros con las alas rotas. Supón que yo estuviera divorciado, o que viviera solo, o que no tuviera hijos. Esta enfermedad, lo que estoy pasando, sería mucho más duro. No estoy seguro de que pudiera soportarlo. Claro que vendría gente a visitarme: amigos, compañeros, pero no es lo mismo que tener a alguien que no va a irse. No es lo mismo que tener a alguien que sabes que te tiene el ojo encima, que te está observando todo el tiempo. Esto es parte de lo que es una familia; no es sólo amor, sino también hacer saber a los demás que alguien está velando por ellos. Es lo que tanto echaba de menos cuando murió mi madre, lo que yo llamo "la seguridad espiritual" de uno: saber que tu familia estará allí, velando por ti. Nada en el mundo te dará eso. Ni el dinero. Ni la fama.

Me echó una mirada.

–Ni el trabajo —añadió.

La creación de una familia era una de las cuestiones que aparecían en mi pequeña lista: una de las cosas que uno quiere hacer bien antes de que sea demasiado tarde. Hablé con Morrie del dilema de mi generación a la hora de decidir tener hijos o no, de cómo solíamos pensar que nos ataban, que nos convertían en esas cosas llamadas "padres" que no queríamos ser. Reconocí que yo mismo compartía algunos de estos sentimientos.

Pero al mirar a Morrie me preguntaba si, estando en su lugar, a punto de morir, y si no tuviera familia, ni hijos, ¿no sería insoportable el vacío? Él había criado a sus dos hijos enseñándoles a amar y a querer, y, como el propio Morrie, no sentían timidez a la hora de expresar su afecto. Si lo hubiera deseado, ellos habrían dejado todo lo que tuvieran entre manos para pasar junto a su padre cada minuto de sus últimos meses. Pero eso él no lo quería.

–No interrumpan sus vidas —les dijo. De lo contrario, esta enfermedad nos habrá estropeado la vida a los tres en vez de a uno solo.

De este modo, aun muriéndose, manifestaba su respeto por los mundos de sus hijos. No es de extrañar que cuando se sentaban a su lado se produjera una catarata de afecto; se intercambiaban muchos besos y ellos se agachaban junto a la cama tomándolo de la mano.

–Cuando alguien me pregunta si debe tener hijos o no, no le digo nunca lo que debe hacer —dijo entonces Morrie, contemplando una foto de su hijo mayor. Le digo, simplemente: "No hay experiencia igual a la de tener hijos". Eso es todo. No se puede sustituir por nada. No se puede hacer con un amigo. No se puede hacer con una amante. Si quieres tener la experiencia de ser por completo responsable de otro ser humano y de aprender a amar y a estrechar lazos de la manera más profunda, entonces debes tener hijos.

–Entonces, ¿volverías a tenerlos? —le pregunté.

Eché una mirada a la foto. Rob estaba besando a Morrie en la frente, y Morrie se reía con los ojos cerrados.

–¿Que si volvería a tenerlos? —me dijo, con aire de sorpresa. Mitch, no me habría perdido esa experiencia por nada. Aunque...

Tragó saliva y dejó la foto en su regazo.

–...aunque ahora tengo que pagar un doloroso precio —dijo.

–Porque los vas a dejar.

–Porque los voy a dejar *pronto*.

Frunció los labios, cerró los ojos, y vi caer una primera lágrima por su mejilla.

🗨

–Y ahora —susurró—, habla tú.

–¿Yo?

–De tu familia. Conozco a tus padres. Los conocí hace años, el día de la graduación. Tienes también una hermana, ¿verdad?

–Sí —dije.

–Mayor, ¿verdad?

–Mayor.

–Y un hermano, ¿no es así?

Asentí con la cabeza.

–¿Menor?

–Menor.

–Como yo —dijo Morrie. También tengo un hermano menor.

–Como tú —dije yo.

–Asistió también a tu graduación, ¿verdad?

Parpadeé, y nos vi allí a todos reunidos en el recuerdo, dieciséis años atrás, el sol cálido, las togas azules, entrecerrando los ojos mientras nos estrechábamos con los brazos y posábamos para tomarnos fotos con la instamatic, y alguien decía: "A la una, a las dos, a las treeees...".

–¿Qué pasa? —dijo Morrie, al advertir mi silencio repentino. ¿En qué estás pensando?

–En nada —dije, y cambié de tema.

La verdad es que, en efecto, tengo un hermano, un hermano de pelo rubio, ojos castaños, dos años menor que yo, tan distinto a mí y a mi hermana, que tiene el pelo oscuro, y a quien solíamos hacer rabiar diciéndole que unos desconocidos lo habían dejado en la puerta de la casa cuando era recién nacido.

–Y un día volverán por ti —le decíamos. Él lloraba cuando le decíamos esto, pero de todas maneras se lo decíamos.

Se crió como se crían muchos hijos menores, mimado, adorado, y por dentro atormentado. Soñaba con ser actor o cantante; reproducía, sentado a la mesa cuando cenábamos, las películas que había visto en la televisión, representando todos los papeles, mientras su luminosa sonrisa casi se le salía de los labios. Yo era el buen estudiante, él era el malo; yo era obediente, él transgredía las reglas; yo me abstenía de drogas y alcohol, él probaba todo lo que se podía meter en el cuerpo. Poco después de terminar los estudios de preparatoria se fue a vivir a Europa, pues prefería el estilo de vida más informal que había encontrado allí. Pero siguió siendo el favorito de la familia. Cuando venía de visita a la casa familiar, yo me solía comportar rígido y conservador ante su presencia desenfadada y divertida.

Con todo lo diferentes que éramos, yo razonaba que nuestros destinos nos impulsarían en direcciones opuestas cuando llegáramos a la edad adulta. Y tenía razón en todos los sentidos menos en uno. A partir del día en que murió mi tío, creí que yo sufriría una muerte semejante, una enfermedad temprana que acabaría conmigo. Por eso trabajaba yo a un ritmo febril y me preparaba para el cáncer. Sentía su aliento. Sabía que se me venía encima. Lo esperaba como el condenado a muerte espera al verdugo.

Y tenía yo razón. Llegó.

Pero a mí me respetó.

Atacó a mi hermano.

Era el mismo tipo de cáncer de mi tío. De páncreas. Un tipo poco frecuente. Y así, el más joven de nuestra familia, con su pelo rubio y sus ojos castaños, tuvo que someterse a la quimioterapia y a las radiaciones. Se le cayó el pelo; la cara le quedó tan consumida como la de un esqueleto. "Tenía que haberme tocado a mí", pensaba yo. Pero mi hermano no era yo y no era mi tío. Era un luchador, y lo había sido desde sus primeros años, cuando peleábamos en el sótano y llegaba a morderme hasta atravesar mi zapato con los dientes, y yo daba un grito de dolor y lo soltaba.

De modo que él dio la cara. Luchó contra la enfermedad en España, donde vivía, con la ayuda de un fármaco experimental que no estaba disponible en Estados Unidos, ni lo está todavía. Recorrió toda Europa en avión para someterse a tratamientos. Después de cinco años de tratamientos, parecía que ese fármaco iba expulsando al cáncer y lo hacía ceder.

Ésta era la buena noticia. La mala noticia era que mi hermano no me quería a su lado; ni a mí, ni a ninguno de la familia. Por mucho que intentamos llamarlo y visitarlo, él nos mantuvo a distancia, insistiendo en que su lucha debía llevarla adelante por su cuenta. Pasaban meses enteros sin que oyéramos una sola palabra suya.

Los mensajes que dejábamos en su contestadora automática quedaban sin respuesta. A mí me desgarraba el sentimiento de culpa, pues creía que algo debiera estar haciendo por él, y me consumía la ira ante su negativa a concedernos el derecho a hacerlo.

Así, pues, una vez más, me sumergí en el trabajo. Trabajaba porque al trabajo lo podía controlar. Trabajaba porque trabajar me parecía razonable y responsable. Y cada vez que llamaba al departamento de mi hermano en España y me respondía la contestadora automática, con la voz de mi hermano hablando en español, un indicio más de cuánto nos habíamos distanciado, colgaba y me ponía a trabajar un poco más.

Quizá fuera éste uno de los motivos por los que me sentía atraído por Morrie. Él me dejaba estar donde mi hermano no quería dejarme estar.

Mirando hacia atrás, quizá Morrie lo supiera todo desde el principio.

Es un invierno de mi infancia, en una cuesta cubierta de nieve de nuestro barrio de las afueras. Mi hermano y yo vamos en trineo, él arriba, yo debajo. Siento su barbilla en mi hombro y sus pies en mis corvas.

El trineo se desliza con estrépito sobre las placas de hielo. Ganamos velocidad según vamos bajando la cuesta.

—¡Un coche! —grita alguien.

Lo vemos venir calle abajo, a nuestra izquierda. Gritamos e intentamos apartarnos gobernando el trineo, pero los patines no se mueven. El conductor hace sonar el claxon y pisa el freno, y nosotros hacemos lo que hacen todos los niños: nos aventamos. Rodamos como troncos, con nuestros anoraks con capucha, por la húmeda y fría nieve, pensando en que lo primero que nos tocará será el duro hule de la llanta de un coche. Vamos chillando, "aaaaaah", y el cuerpo nos hormiguea de miedo, dando vueltas y más vueltas, viendo el mundo al revés, al derecho, al revés.

Y al final, nada. Dejamos de rodar y recobramos el aliento y nos limpiamos de la cara la nieve que gotea. El conductor da vuelta al final de la calle, haciéndonos un gesto sacudiendo el dedo. Estamos a salvo. Nuestro trineo ha chocado en silencio con un montón de nieve y nuestros amigos nos dan palmaditas y nos dicen: "¡ay!", y "pudieron haberse matado".

Le sonrío a mi hermano y nos sentimos unidos por un orgullo infantil. Pensamos que no ha sido tan difícil, y estamos dispuestos a enfrentarnos de nuevo a la muerte.

Sexto martes:
HABLAMOS DE LAS EMOCIONES

Pasé frente a los laureles silvestres y el falso plátano y subí los escalones de piedra azul de la puerta principal de la casa de Morrie. El canalón blanco colgaba como una tapadera sobre la puerta. Toqué el timbre y no salió a recibirme Connie sino Charlotte, la esposa de Morrie, una hermosa mujer de pelo gris que hablaba con melodiosa voz. No solía estar en casa cuando yo iba (seguía trabajando en el Instituto de Tecnología de Massachusetts, tal como lo quería Morrie), y aquella mañana me sorprendió verla.

–Hoy Morrie la está pasando mal —me dijo. Durante un momento fijó la vista por encima de mi hombro, y después se dirigió a la cocina.

–Lo siento —dije.

–No, no, se alegrará de verte —dijo ella enseguida. Estoy segura...

Se interrumpió a mitad de la frase, volteando un poco la cabeza, escuchando algo. Después siguió diciendo:

–Estoy segura de que se sentirá mejor cuando sepa que estás aquí.

Cogí las bolsas del supermercado, "mis víveres habituales", dije en broma, y ella pareció sonreir e inquietarse a la vez.

–Hay ya mucha comida. No se ha comido nada de lo que trajiste la última vez.

Eso me tomó de sorpresa.

–¿No se ha comido nada? —pregunté.

Abrió ella el refrigerador y vi los recipientes de ensalada de pollo, fideos, verduras, calabacitas rellenas, todo lo que yo había traído para Morrie. Abrió el congelador y había todavía más cosas.

–Morrie no puede comer la mayor parte de esta comida. Es demasiado dura para que pueda ingerirla. Ahora tiene que comer cosas blandas y líquidos.

–Pero no me había dicho nada —dije yo.

Charlotte sonrió.

–No quiere herir tus sentimientos.

–No habría herido mis sentimientos. Lo único que quería era ayudarlo de alguna manera. Lo que quiero decir es que lo único que quería era traerle algo.

–Ya le estás trayendo algo. Espera tus visitas con ilusión. Habla de que tiene que realizar contigo este proyecto, de que tiene que concentrarse y dedicarle tiempo. Creo que le está dando una buena orientación...

Volvió a dirigirme esa mirada distante, de conectar con algo desde otra parte. Sabía yo que Morrie estaba pasando malas noches, que no dormía, y eso quería decir que con frecuencia Charlotte tampoco dormía en toda la noche. A veces, Morrie se quedaba despierto en la cama tosiendo durante horas enteras: tardaba todo ese tiempo en despejar las flemas de su garganta. Ahora había enfermeras que se quedaban en casa toda la noche y muchos visitantes a lo largo del día, antiguos alumnos, compañeros del claustro académico, maestros de meditación, que entraban y salían de la casa. Algunos días, Morrie tenía media docena de visitantes, y a menudo cuando Charlotte ya estaba de regreso del trabajo. Ella se armaba de paciencia, aunque toda esa gente consumía preciosos minutos que ella podía pasar con Morrie.

–...una orientación —siguió diciendo. Sí. Eso es bueno, ya lo sabes.

–Así lo espero —dije yo.

Le ayudé a meter en el refrigerador toda la comida nueva. En la alacena de la cocina había todo tipo de notas, mensajes, informaciones, recetas médicas. En la mesa había más frascos de pastillas que nunca —Selestone para el asma, Ativan para ayudarle a dormir, Naproxon para las infecciones—, además de un preparado de leche en polvo y de laxantes. Oímos que se abría una puerta al fondo del pasillo.

–Quizá ahora esté disponible... voy a ver.

Charlotte volvió a mirar mi comida y yo de pronto me sentí avergonzado. Tantos recuerdos de cosas de las que Morrie no disfrutaría jamás.

Los pequeños horrores de su enfermedad iban en aumento, y cuando por fin me senté con Morrie, éste estaba tosiendo más de lo habitual, con una tos seca y purulenta que le sacudía el pecho y le hacía mover con brusquedad la cabeza hacia delante. Después de un acceso violento, dejó de toser, cerró los ojos y respiró. Yo me quedé sentado en silencio, pues pensaba que se estaría recuperando del esfuerzo.

–¿Está el casete listo? —dijo de pronto, con los ojos cerrados todavía.

–Sí, sí —dije apresuradamente, pulsando los botones de play y record.

–Lo que estoy haciendo ahora —dijo, con los ojos cerrados todavía—, es desligarme de la vivencia.

–¿Desligarte?

–Sí. Desligarme. Y esto es importante; no sólo para una persona como yo, que me estoy muriendo, sino para una persona como tú, que estás perfectamente sano. Aprende a desligarte.

Abrió los ojos. Suspiró.

–¿Sabes lo que dicen los budistas? "No te aferres a las cosas, porque nada es permanente."

–Pero, espera un momento —dije. ¿No estás hablando siempre de vivir la vida? ¿Todas las emociones buenas, todas las malas?

–Sí.

–Pues bien, ¿cómo puedes hacer eso si estás desligado?

–Ah. Estás pensando, Mitch. Pero el desapego no significa que no dejes que la vivencia penetre en ti. Al contrario: dejas que penetre en ti plenamente. Así es como eres capaz de dejarla.

–No te sigo.

–Toma el caso de cualquier emoción: el amor

a una mujer, o el dolor por la pérdida de un ser querido, o lo que estoy pasando yo, el miedo y el dolor de una enfermedad mortal. Si contienes las emociones, si no te permites a ti mismo llevarlas hasta el final, nunca podrás llegar a estar desligado; estarás demasiado ocupado con tu miedo. Tienes miedo al dolor, tienes miedo a la pérdida de un ser querido. Tienes miedo a la vulnerabilidad que trae aparejado el amor. Pero si te sumerjes en estas emociones, permitiéndote a ti mismo echarte en ellas de cabeza, hasta el final, por encima de tu mente incluso, las vives de una manera plena y completa. Sabes lo que es el dolor. Sabes lo que es el amor. Sabes lo que es la pérdida de un ser querido. Y sólo entonces puedes decir: "Está bien. Viví esa emoción. Reconozco esa emoción. Ahora necesito desligarme de esa emoción por un momento".

Morrie hizo una pausa y me observó, tal vez para asegurarse de que entendía yo bien aquello.

—Sé que crees que estamos hablando sólo de la muerte —dijo— pero es lo que te repito: cuando aprendes a morir, aprendes a vivir.

Morrie me habló de sus momentos más temibles, cuando sentía el pecho bloqueado con ataques de tos o cuando no sabía si volvería a respirar. Eran momentos horribles, decía, y sus primeras emociones eran el horror, el miedo, la angustia. Pero cuando llegó a reconocer la sensación de esas emociones, su textura, su humedad, el escalofrío por la espalda, el sofoco que te recorre el cerebro, entonces fue capaz de decirse: "Está bien. Esto es miedo. Apártate de él. Apártate".

Pensé en la frecuencia con que esto era necesario en la vida diaria. En cómo nos sentimos solos, a veces hasta el borde de las lágrimas, pero no dejamos salir esas lágrimas porque no debemos llorar. O en cómo sentimos un arrebato de amor por nuestra pareja pero no decimos nada porque nos paraliza el miedo a las consecuencias que pudieran tener esas palabras en la relación de pareja.

El planteamiento de Morrie era exactamente el contrario. Abre la llave. Lávate con la emoción. No te hará daño. Sólo puede ayudarte. Si dejas entrar el miedo, si te lo pones como una camisa habitual, entonces podrás decirte a ti mismo: "Bueno, no es más que miedo, no tengo que dejar que me controle. Lo veo por lo que es".

Lo mismo pasa con la soledad: te dejas llevar, dejas salir las lágrimas, la sientes por completo, pero al final eres capaz de decir: "Bueno, éste ha sido mi momento con la soledad. No tengo miedo a sentirme solo, pero ahora voy a dejar de lado esa soledad y sé que hay otras emociones en el mundo, y voy a vivirlas también".

—Deslígate —volvió a decir Morrie.

Cerró los ojos, y tosió.

Y volvió a toser.

Y volvió a toser, más fuerte.

De pronto, estaba casi ahogándose, parecía que la congestión de sus pulmones se burlaba de él, saltando hasta media altura, volviendo a caer después, robándole el aliento. Se ahogaba, después tosía violentamente y sacudía las manos ante sí; con los ojos cerrados, sacudiendo las manos, casi parecía un poseso, y sentí que la frente se me inundaba de sudor. Lo jalé instintivamente hacia delante y le di palmadas en la espalda, y se llevó un pañuelo de papel a la boca y escupió un esputo.

La tos cesó, y Morrie volvió a recostarse entre las almohadas de hulespuma y absorbió aire.

–¿Estás bien? ¿Está todo bien? —pregunté, intentando ocultar mi miedo.

–Estoy... bien —susurró Morrie, levantando un dedo tembloroso. Espera... un momento, nada más.

Nos quedamos en silencio hasta que volvió a respirar con normalidad. Yo sentía el sudor en mi cuero cabelludo. Me pidió que cerrara la ventana, pues la brisa le daba frío. No le dije que en el exterior hacía una temperatura de veintiséis grados.

Por último, con un susurro, dijo:

–Ya sé cómo quiero morir.

Esperé en silencio.

–Quiero morir serenamente. En paz. No como lo que acaba de pasar. Y aquí es donde entra en juego el desapego. Si me muero en pleno ataque de tos, como el que acabo de tener, tengo que ser capaz de desligarme del horror, tengo que decir: éste es mi momento. No quiero dejar el mundo en un estado de miedo. Quiero saber lo que está pasando, aceptarlo, ir a un lugar en paz y soltarme. ¿Me entiendes?

Asentí con la cabeza.

–No te sueltes todavía —añadí en seguida.

Morrie sonrió de manera forzada.

–No. Todavía no. Todavía nos queda trabajo que hacer.

—¿Crees en la reencarnación? —le pregunto.
—Quizá.
—¿En forma de qué te gustaría volver?
—Si pudiera elegir, en forma de gacela.
—¿De gacela?
—Sí. Tan elegante. Tan veloz.
—¿De gacela?
Morrie me sonríe.
—¿Te parece raro?
Observo su cuerpo encogido, sus ropas holgadas, sus pies envueltos en calcetines, apoyados rígidamente sobre almohadones de hulespuma, incapaz de moverse, como un preso con grilletes en los pies. Imagino a una gacela que corre por el desierto.
—No —le digo. No me parece raro en absoluto.

El profesor, segunda parte

El Morrie que conocía, el Morrie que conocían tantos otros, no habría sido el hombre que era si no hubiera pasado unos años trabajando en un hospital psiquiátrico en las afueras de Washington, D.C.; un hospital que tenía el nombre engañosamente apacible de Chestnut Lodge, Casa de los Castaños. Fue uno de los primeros empleos de Morrie después de tener su maestría y su doctorado de la Universidad de Chicago. Después de descartar medicina, derecho y administración, Morrie había llegado a la conclusión de que el mundo de la investigación sería un lugar donde él podría aportar algo sin explotar a los demás.

Morrie fue becado para observar a los pacientes psiquiátricos y registrar sus tratamientos. Hoy en día esta idea nos parece corriente, pero fue revolucionaria a principios de los cincuenta. Morrie vio a pacientes que se pasaban todo el día gritando. A pacientes que se pasaban toda la noche llorando. A pacientes que hacían sus necesidades encima. A pacientes que se negaban a comer, a los que había que reducir a la fuerza, darles medicamentos, alimentarlos por vía intravenosa.

Una paciente, una mujer de mediana edad, salía todos los días de su habitación y se tumbaba boca abajo en el suelo de baldosas, se quedaba allí horas enteras, mientras los médicos y las enfermeras pasaban a su lado esquivándola. Morrie veía esto con horror. Tomaba notas, pues para eso estaba allí. Ella hacía lo mismo todos los días: salía por la mañana, se tumbaba en el suelo, se quedaba allí hasta el anochecer, sin hablar con nadie, sin que nadie le hiciera caso. Aquello entristecía a Morrie. Empezó a sentarse en el suelo con ella, hasta echarse junto a ella, intentando sacarla de su tristeza. Hasta que consiguió que se incorporara, e incluso que volviera a su habitación. Descubrió que lo que más quería ella era lo mismo que quieren muchas personas: que alguien advirtiera su presencia.

Morrie trabajó cinco años en Chestnut Lodge. Aunque no estaba bien visto, se hizo amigo de algunos pacientes, entre ellos de una mujer que bromeaba con él hablando de la suerte que tenía ella de estar allí, "porque mi marido es rico, de modo que se lo puede permitir. ¿Se imagina si yo tuviera que estar en uno de esos psiquiátricos baratos?"

Otra mujer, que escupía a todas las demás personas, le cobró simpatía a Morrie y lo llamaba amigo suyo. Hablaban todos los días, y el personal se animó, al menos, al ver que alguien había conectado con ella. Pero un día se fugó, y le pidieron a Morrie que los ayudara a hacerla volver. La encontraron en una tienda cercana, escondida en la trastienda, y cuando entró Morrie ella lo fulminó con una mirada iracunda.

—¿Así que tú también eres uno de ellos? —le dijo con desprecio.

—¿Uno de quiénes?

—De mis carceleros.

Morrie observó que la mayoría de los pacientes que estaban internados allí había sido rechazada y despreciada en sus vidas, se les había hecho sentir que no existían. También echaban de menos la compasión, algo que en seguida se le acababa al personal. Y muchos de aquellos pacientes eran gente acomodada, de familias ricas, pero su riqueza no les servía para conseguir la felicidad ni la satisfacción. Él no olvidó nunca esa lección.

Solía decirle en broma a Morrie que estaba varado en los años sesenta. Me contestaba que los años sesenta no habían sido tan malos comparados con los tiempos que vivíamos ahora.

Llegó a la Universidad de Brandeis, después de su trabajo en el campo de la salud mental, poco antes de que comenzara la década de los sesenta. Al cabo de pocos años, el campus se convirtió en un foco de revolución cultural. Drogas, sexo, la cuestión racial, protestas por la guerra de Vietnam. Abbie Hoffman estudió en Brandeis. También estudiaron allí Jerry Rubin y Angela Davis. Morrie tenía en sus clases a muchos de los estudiantes "radicales".

Esto en parte se debía a que, en vez de limitarse a impartir clases, el claustro de sociología se comprometió. Se oponía con ferocidad a la guerra, por ejemplo. Cuando los catedráticos se enteraron de que los alumnos que no mantenían una cierta calificación promedio, podían perder sus prórrogas por estudios y ser llamados a filas, decidieron no dar ninguna calificación. Cuando el rector dijo: "Si no dan calificaciones a estos estudiantes, todos quedarán reprobados", Morrie encontró una solución: "Vamos a darles sobresaliente a todos". Y eso hicieron.

Así como los años sesenta abrieron el campus, también se abrió el personal del departamento de Morrie, desde los pantalones de mezclilla y los tenis que se ponían para trabajar hasta su visión del aula como un lugar vivo, que respira. Preferían los debates a las conferencias, la experiencia a la teoría. Enviaban alumnos al Deep South para que trabajaran en proyectos sobre los derechos civiles, y al centro de la ciudad para que hicieran investigaciones de campo. Iban a Washington a participar en manifestaciones, y Morrie solía viajar en los autobuses con sus alumnos. En uno de esos viajes atestiguó divertido cómo unas mujeres de holgadas faldas y collares pusieron flores en los fusiles de los soldados y se sentaron en un prado, tomadas de la mano, para intentar que el Pentágono levitara.

–No lo movieron —recordaba tiempo después— pero fue un buen intento.

Una vez, un grupo de estudiantes negros se encerró en el edificio Ford, en el campus de Brandeis, y le colgaron una pancarta que decía: Universidad

Malcolm X. En el edificio Ford había laboratorios de química, y algunos miembros de la rectoría temían que aquellos radicales estuvieran fabricando bombas en el sótano. Morrie conocía la realidad. Sabía cuál era el meollo del problema: que unos seres humanos querían sentir que tenían importancia.

El encierro duró varias semanas. Y podría haber durado más tiempo de no haber sucedido que un día Morrie pasaba cerca del edificio y uno de los manifestantes lo reconoció como uno de sus profesores favoritos y lo llamó a gritos pidiéndole que entrara por una ventana.

Una hora más tarde, Morrie se deslizaba por la ventana con una lista de lo que querían los manifestantes. Llevó la lista al rector de la universidad, y la situación se resolvió.

Morrie encontraba siempre buenas soluciones.

En Brandeis impartía asignaturas de psicología social, de enfermedad y salud mental, de procesos de grupo. En sus clases se daba poca importancia a lo que ahora llamaríamos "conocimientos para la carrera profesional" y mucha al "desarrollo personal".

Y, debido a esto, los estudiantes de administración y de derecho de hoy podrían creer que Morrie fue un estúpido ingenuo con sus aportaciones. ¿Cuánto dinero ganaron más tarde sus alumnos? ¿Cuántos juicios importantes ganaron?

Por otra parte, ¿cuántos estudiantes de administración o de derecho visitan a sus antiguos profesores después de dejar la universidad? Los alumnos de Morrie lo hacían constantemente. Y en sus últimos meses acudieron a él por centenares: de Boston, Nueva York, California, Londres y Suiza; de organizaciones sociales y de programas escolares en zonas urbanas pobres. Le llamaban. Le escribían. Hacían viajes de centenares de kilómetros en coche para dedicarle una visita, una palabra, una sonrisa.

"Nunca he tenido otro maestro como tú", decían todos.

Mientras sigo insistiendo en mis visitas a Morrie empiezo a leer libros que tratan de la muerte, del modo en que las diversas culturas conciben el paso final. Hay una etnia de la región ártica de América del Norte, por ejemplo, cuyos miembros creen que todas las cosas que hay en la tierra tienen un alma cuya forma es la del cuerpo que la contiene, en miniatura, de modo que el ciervo tiene dentro un ciervo pequeñito y el hombre tiene un hombre pequeñito. Cuando muere el ser grande, esa forma pequeñita sigue viviendo. Puede deslizarse al interior de algo que nace en las proximidades, o puede ir a un lugar de descanso temporal en el cielo, en el vientre de un gran espíritu femenino, donde espera hasta que la luna pueda volver a enviarla a la tierra.

Dicen que, a veces, la luna está tan ocupada con las nuevas almas del mundo que desaparece del cielo. Por eso tenemos noches sin luna. Pero al final la luna regresa siempre, como regresamos todos.

Eso es lo que creen.

SÉPTIMO MARTES:
HABLAMOS DEL MIEDO A LA VEJEZ

Morrie había perdido su batalla. Ya otra persona le limpiaba el trasero.

Lo afrontó aceptándolo con su valor característico. Al ya no ser capaz de alcanzar su trasero cuando utilizaba el excusado, informó a Connie de su última limitación.

–¿Te incomodaría hacerlo por mí?

Ella dijo que no.

Me pareció característico de él que se lo preguntara primero.

Morrie reconoció que le había costado cierto trabajo acostumbrarse, pues era, en cierto modo, una rendición completa ante la enfermedad. Ya se le había despojado de las cosas más personales y básicas: ir al baño, sonarse la nariz, lavarse las partes íntimas. Con la excepción de respirar y de ingerir la comida, dependía de los demás prácticamente para todo.

Le pregunté a Morrie que cómo conseguía seguir siendo positivo con todo lo que estaba pasando.

–Tiene gracia, Mitch —me dijo. Yo soy una persona independiente, de modo que mi tendencia era resistirme a todo esto, a que me ayudaran a bajar del coche, a que otra persona me vistiera. Me sentía un poco avergonzado, pues nuestra cultura nos dice que debemos avergonzarnos si no somos capaces de limpiarnos el trasero. Pero después pensé: "Olvídate de lo que dice la cultura. He pasado por alto la cultura durante buena parte de mi vida. No voy a avergonzarme. ¿Qué importancia tiene?". Y ¿sabes una cosa? Una cosa muy extraña.

–¿Qué?

–Que empecé a *disfrutar* de mi dependencia. Ahora me gusta que me volteen de lado y me pongan pomada en el trasero para que no me salgan llagas. O que me sequen la frente, o que me den un masaje en las piernas. Gozo con eso. Cierro los ojos y me deleito con eso. Y me parece muy familiar. Es como volver a ser niño. Que una persona te bañe. Que una persona te cargue en brazos. Que una persona te limpie. Todos sabemos ser niños. Lo llevamos dentro. Para mí, es una cuestión de recordar el modo de disfrutarlo. La verdad es que cuando nuestras madres nos tenían en brazos, nos acunaban, nos acariciaban la cabeza, ninguno de nosotros se cansaba nunca. Todos anhelamos de algún modo volver a aquellos días en que nos cuidaban por completo, con amor incondicional, con atención incondicional. La mayoría no nos cansábamos nunca. Sé que yo no me cansaba.

Miré a Morrie y comprendí de pronto por qué le gustaba que me inclinara sobre él para ajustarle el micrófono, para mover las almohadas o para secarle los ojos. El contacto humano. A sus setenta y ocho años, estaba dando como adulto y recibiendo como niño.

Aquel mismo día, más tarde, hablamos de la vejez. O quizá debiera decir que hablamos del miedo a la vejez, que era otro de los puntos de mi lista de "las cosas que inquietan a mi generación". Cuando venía del aeropuerto de Boston había contado por el camino los carteles publicitarios en los que aparecían personas jóvenes y guapas. Había un joven guapo con sombrero de vaquero, fumándose un cigarrillo, dos jóvenes hermosas sonriendo ante un frasco de champú, una adolescente de aspecto sensual con los pantalones de mezclilla desabrochados, y una mujer provocativa con un vestido de terciopelo negro junto a un hombre de smoking, sujetando sendos vasos de whisky escocés.

No había visto ni un solo personaje que pudiera aparentar más de treinta y cinco años. Le dije a Morrie que yo ya me sentía cuesta abajo, por mucho que intentara desesperadamente mantenerme en la cumbre. Hacía ejercicio constantemente. Tenía cuidado con lo que comía. Me observaba las entradas del pelo en el espejo. Había pasado de estar orgulloso de decir mi edad, por todo lo que había conseguido tan joven, a no tocar el tema, por el miedo a estarme acercando demasiado a los cuarenta y, por lo tanto, al olvido profesional.

Morrie tenía una mejor visión de la vejez.

–Toda esa importancia que se da a la juventud... yo no me la trago —dijo. Mira, sé lo triste que puede resultar el ser joven, así que no me digan que es tan maravilloso. Todos esos jóvenes que acudían a mí con sus tribulaciones, sus luchas, sus sentimientos de ineptitud, su sensación de que la vida era desgraciada, que se sentían tan mal que se querían suicidar... Y además de todas las tristezas, los jóvenes no son sabios. Tienen un entendimiento de la vida muy limitado. ¿Quién quiere vivir todos los días cuando no sabe lo que está pasando? ¿Cuando la gente te manipula, te dice que si te compras tal perfume serás guapa, o que si te compras tal par de pantalones de mezclilla serás atractivo... y tú te lo crees? Es absurdo.

–¿Tú *nunca* tuviste miedo a hacerte viejo? —le pregunté.

–Mitch, yo *abrazo* la vejez.

–¿Cómo que la abrazas?

–Es muy sencillo. Cuando creces, aprendes más. Si te quedaras en los veintidós años, serías siempre tan ignorante como cuando tenías veintidós años. El envejecimiento no es sólo decadencia, ¿sabes? Es crecimiento. Es algo más que el factor negativo de que te vas a morir, también es el factor positivo de que *entiendes* que te vas a morir, y de que vives por eso una vida mejor.

–Sí —dije yo—, pero si es tan valioso envejecer, ¿por qué dice siempre la gente: "Ay, si volviera a ser joven"? Nunca se oye a nadie decir: "Ojalá tuviera sesenta y cinco años".

Sonrió.

–¿Sabes lo que se trasluce en eso? Vidas insatisfechas. Vidas no realizadas. Vidas que no han encontrado sentido. Porque, si has encontrado un sentido en tu vida, no quieres volverte atrás. Quieres seguir adelante. Quieres ver más, hacer más. No quieres esperar a tener sesenta y cinco años. Oye: una cosa debes saber. Todos los más jóvenes deben saber una cosa. Si siempre estás luchando contra el envejecimiento, vas a ser siempre infeliz, porque te va a llegar de todas maneras. Y, Mitch...

Bajó la voz.

–La verdad es que al final te vas a morir.

Asentí con la cabeza.

–No importará lo que te digas a ti mismo.

–Ya lo sé.

–Aunque espero que eso no ocurra hasta dentro de mucho, mucho tiempo —dijo.

Cerró los ojos con un aire de paz y me pidió que le acomodara las almohadas detrás de la cabeza. Necesitaba constantemente que le colocaran el cuerpo para estar cómodo. Estaba sujeto al sillón con almohadas blancas, con hulespuma amarillo y con toallas azules. A primera vista parecía que estuvieran embalando a Morrie para transportarlo.

–Gracias —susurró mientras movía yo las almohadas.

–No hay de qué —dije yo.

–Mitch. ¿En qué piensas?

Hice una pausa antes de responder.

–Bueno —dije—, me pregunto cómo es que no envidias a las personas más jóvenes y más sanas.

–Ah, supongo que las envidio.

Cerró los ojos.

"Las envidio porque son capaces de ir al gimnasio o de ir a nadar. O a bailar. Sobre todo lo de bailar. Pero la envidia me invade, yo la siento, y después la suelto. ¿Recuerdas lo que dije del desapego? Suéltalo. Decirte a ti mismo: 'Esto es envidia, y ahora voy a apartarme de ella'. Y te alejas."

Tosió, una tos larga, rasposa, y se llevó a la boca un pañuelo de papel y escupió en él débilmente. Allí sentado, yo me sabía mucho más fuerte que él, desproporcionadamente más fuerte, como si pudiera levantarlo y echármelo al hombro como un costal de harina. Mi superioridad me turbaba, pues no me sentía superior a él en ningún otro sentido.

–¿Cómo logras no envidiar...?

–¿Qué?

–No envidiarme a mí.

Sonrió.

–Mitch, es imposible que los viejos no envidiemos a los jóvenes. Pero la cuestión es que hay que aceptar quién eres y gozar de ello. Éste es tu momento de tener treinta y tantos años. Tuve mi momento de tener treinta y tantos años, y ahora es mi momento de tener setenta y ocho. Tienes que encontrar lo que hay de bueno, de verdadero y de hermoso en tu vida tal como es ahora. Si miras atrás, te vuelves competitivo. Y la edad no es una cuestión de competitividad.

Suspiró y bajó los ojos, como para ver cómo se dispersaba su aliento por el aire.

–La verdad es que una parte de mí tiene todas las edades. Tengo tres años, tengo cinco años, tengo treinta y siete años, tengo cincuenta años. He pasado por todas estas edades y sé cómo son. Me encanta ser un niño cuando es adecuado ser un niño. Me encanta ser un viejo sabio cuando es adecuado ser un viejo sabio. ¡Piensa todo lo que puedo ser! Tengo todas las edades hasta la mía. ¿Lo entiendes?

Asentí con la cabeza.

–¿Cómo puedo tener envidia de que estés donde estás... si yo mismo he estado allí?

*El destino hace sucumbir
a muchas especies: sólo una
se pone en peligro a sí misma.*

W. H. Auden,
el poeta favorito de Morrie

Octavo martes:
Hablamos del dinero

Levanté el periódico para que pudiera verlo Morrie:

NO QUIERO QUE SE ESCRIBA EN MI TUMBA:
"NUNCA TUVE UNA CADENA DE EMISORAS"

Morrie se rio y después sacudió la cabeza. Entraba el sol de la mañana por la ventana que tenía a su espalda, y caía sobre las flores rosadas del hibisco que estaba en el alféizar. La cita era de Ted Turner, magnate multimillonario de las comunicaciones, fundador de CNN, que se lamentaba de no haber conseguido apoderarse de la cadena de emisoras CBS en una operación gigantesca de fusión de empresas. Había llevado yo el artículo a Morrie aquella mañana porque me preguntaba si Turner, en el caso de encontrarse alguna vez en la situación de mi viejo profesor, perdiendo la respiración, petrificándosele el cuerpo, tachando uno a uno en el calendario los días que le quedaban, se lamentaría de verdad por no haber tenido una cadena de emisoras.

–Todo forma parte de un mismo problema,

Mitch —dijo Morrie. Depositamos nuestros valores en cosas erróneas. Y eso nos conduce a vivir unas vidas muy desilusionadas. Creo que debemos hablar de esto.

Morrie estaba centrado. Por aquel entonces tenía días buenos y días malos. Y estaba pasando un buen día. La noche anterior había acudido a la casa un coro de la localidad para cantar ante él a cappella, y me lo contó con emoción, como si hubieran pasado a visitarlo los mismísimos Ink Spots. Morrie ya tenía una poderosa devoción por la música aun antes de ponerse enfermo, pero ahora ese sentimiento era tan intenso que lo conmovía hasta las lágrimas. A veces por la noche escuchaba ópera, cerrando los ojos, dejándose llevar por las magníficas voces que ascendían y caían.

–Anoche deberías haber oído a aquel coro, Mitch. ¡Qué sonido!

A Morrie le habían agradado siempre los placeres sencillos: cantar, reír, bailar. Ahora, más que nunca, las cosas materiales significaban poco o nada para él. Cuando una persona muere, siempre se oye decir a alguien: "No te lo puedes llevar a la tumba". Parecía que Morrie lo sabía desde hacía mucho tiempo.

–En nuestro país estamos practicando en cierto modo el lavado de cerebro —dijo Morrie con un suspiro. ¿Sabes cómo se lava el cerebro a la gente? Repitiendo algo una y otra vez. Y eso es lo que hacemos en este país. Poseer cosas es bueno. Más dinero es bueno. Más bienes es bueno. Más comercialismo es bueno. *Más es bueno. Más es bueno.* Lo repetimos, y nos lo repiten, una y otra vez, hasta que nadie se molesta siquiera en pensar lo contrario. La persona común está tan obnubilada por todo esto que ya no tiene una visión de lo que es verdaderamente importante. En mi vida me he encontrado por todas partes con personas que querían engullir algo nuevo. Engullir un coche nuevo. Engullir un bien inmueble nuevo. Engullir el último juguete. Y después querían contártelo. "¿A que no sabes lo que tengo? ¿A que no sabes lo que tengo?" ¿Sabes cómo interpreté esto siempre? Esas personas tenían tanta hambre de amor que aceptaban sucedáneos. Abrazaban las cosas materiales y esperaban que éstas les devolvieran el abrazo de alguna manera. Pero eso nunca da resultado. Las cosas materiales no pueden servir de sucedáneo del amor, ni de la delicadeza, ni de la ternura, ni del sentimiento de camaradería. El dinero no sirve de sucedáneo de la ternura, y el poder no sirve de sucedáneo de la ternura. Te puedo asegurar, como que estoy aquí sentado muriéndome, que cuando más lo necesitas, ni el dinero ni el poder te darán el sentimiento que buscas, por mucho que tengas de las dos cosas.

Recorrí con la mirada el despacho de Morrie. Y aquel día era idéntico al que vi el primer día en que llegué allí. Los libros ocupaban los mismos lugares en los estantes. El mismo viejo escritorio abarrotado de papeles. Las demás habitaciones no se habían mejorado ni modernizado. En realidad, Morrie no se había comprado nada nuevo, salvo material médico, desde hacía mucho tiempo, desde hacía años quizá. El mismo día que supo que tenía una enfermedad terminal perdió interés por su poder adquisitivo.

Así, pues, el televisor era el mismo, un viejo modelo; el coche que llevaba Charlotte era el mismo, un viejo modelo; la vajilla, los cubiertos y las servilletas eran todas las mismas. Sin embargo, la casa había cambiado de manera drástica. Se había llenado de amor, de enseñanzas y de comunicación. Se había llenado de amistad, de familia, de sinceridad y de lágrimas. Se había llenado de compañeros, de alumnos, de maestros de meditación, de fisioterapeutas, de enfermeras y de coros a cappella. Se había convertido, de una manera muy real, en una casa rica, aunque la cuenta corriente de Morrie se estuviera agotando con rapidez.

—En este país hay una gran confusión entre lo que queremos y lo que necesitamos —dijo Morrie. Necesitas comida; *quieres* un helado de chocolate. Tienes que ser sincero contigo mismo. No *necesitas* el último coche deportivo, no *necesitas* la casa más grande. La verdad es que estas cosas no te dan satisfacción. ¿Sabes qué es lo que te da satisfacción de verdad?

—¿Qué?

—Ofrecer a los demás lo que puedes dar.

—Pareces un boy scout.

—No me refiero al dinero, Mitch. Me refiero a tu tiempo. A tu interés. A tu capacidad para contar cuentos. No es tan difícil. Cerca de aquí han abierto un centro para ancianos. Allí acuden docenas de personas mayores todos los días. Si eres un hombre o una mujer joven y tienes algún conocimiento, te invitan a que vayas allí y lo enseñes. Suponte que sabes informática. Vas allí y les enseñas informática. Te reciben muy bien. Y te lo agradecen mucho. Así es como empiezas a recibir respeto, ofreciendo algo que tienes. Eso lo puedes hacer en muchos lugares. No hace falta que tengas un gran talento. En los hospitales y en los asilos de ancianos hay personas solas que no quieren más que algo de compañía. Juegas a las cartas con un hombre mayor que está solo y descubres un nuevo respeto por ti mismo, porque te necesitan. ¿Recuerdas lo que dije de encontrar una vida llena de sentido? Lo escribí, pero ahora lo puedo repetir de memoria: Dedícate a amar a los demás, dedícate a la comunidad que te rodea y dedícate a crear algo que te aporte un destino y un sentido. Advertirás —añadió, sonriendo— que aquí no se dice nada de un sueldo.

Apuntaba en un block de hojas amarillas algunas de las cosas que decía Morrie. Lo hacía principalmente porque no quería que me viera los ojos, que supiera lo que yo pensaba, que una buena parte de mi vida, desde mi graduación, había yo perseguido esas mismas cosas que él había denunciado: juguetes más grandes, una casa más bonita. Como yo trabajaba entre deportistas ricos y famosos, me había convencido a mí mismo de que mis necesidades eran realistas, de que mi codicia era insignificante comparada con la de ellos.

Aquello era una cortina de humo. Morrie lo había puesto de manifiesto.

–Mitch, si lo que quieres es presumir frente a los que están en la cumbre, olvídalo. Te despreciarán de todos modos. Y si lo que quieres es presumir ante los que están por debajo, olvídalo. No harán más que envidiarte. Un alto nivel social no te llevará a ninguna parte. Sólo un corazón abierto te permitirá flotar equitativamente entre todos.

Hizo una pausa y me miró.

–Me estoy muriendo, ¿no es así?

–Sí.

–¿Por qué crees que es tan importante para mí oir los problemas de otras personas? ¿Acaso no tengo bastante dolor y sufrimiento propios? Claro que los tengo. Pero lo que me hace sentirme vivo es dar a los demás. No es mi coche ni mi casa. No es mi aspecto cuando me miro al espejo. Cuando doy mi tiempo, cuando puedo hacer sonreir a alguien que se sentía triste, me siento todo lo sano que puedo sentirme. Haz las cosas que te salen del corazón. Cuando las hagas, no estarás insatisfecho, no tendrás envidia, no desearás las cosas de otra persona. Por el contrario, lo que recibirás a cambio te abrumará.

Tosió e intentó agarrar la campanilla que estaba en la silla. Tuvo que tantearla varias veces, y por último la agarré yo y se la puse en la mano.

–Gracias —susurró. La agitó débilmente, intentando llamar a Connie... A ese tal Ted Turner, ¿no se le pudo ocurrir ninguna otra cosa que escribir en su lápida?

Cada noche, cuando me duermo, me muero. Y a la mañana siguiente, cuando me despierto, renazco.

Mahatma Gandhi

Noveno martes:
HABLAMOS DE CÓMO PERDURA EL AMOR

Las hojas habían empezado a cambiar de color y hacían del viaje a través de West Newton un retrato de oro y herrumbre. Allá en Detroit, el conflicto laboral se había estancado, cada uno de los bandos acusaba al otro de falta de comunicación. Las noticias de la televisión eran igualmente deprimentes. En una zona rural de Kentucky, tres hombres habían arrojado pedazos de una lápida desde un puente, habían destrozado el parabrisas de un coche que pasaba y habían matado a una adolescente que viajaba con su familia en una peregrinación religiosa. En California, el juicio de O. J. Simpson se aproximaba a su desenlace, y todo el país parecía obsesionado. Hasta en los aeropuertos se habían instalado televisores conectados con CNN para que uno pudiera enterarse del avance del caso de O. J. mientras se dirigía a la puerta de salida. Había yo intentado varias veces llamar a mi hermano, que seguía en España. Le había dejado mensajes diciéndole que tenía verdaderos deseos de hablar con él, que había estado pensando mucho en él y en mí. Algunas semanas más tarde recibí un breve mensaje en que decía que todo iba bien pero que, sintiéndolo mucho, no tenía ganas de hablar de su enfermedad.

Lo que estaba hundiendo a mi viejo profesor no era hablar de su enfermedad sino la enfermedad misma. Desde mi última visita, una enfermera le había insertado un catéter en el pene por el que salía la orina, que pasaba por un tubo y se recogía en una bolsa que estaba al pie de su sillón. Sus piernas necesitaban atenciones constantes —todavía podía sentir el dolor, aunque no podía moverlas; era otra de las crueles paradojas de la ELA—, y si no tenía los pies suspendidos a una distancia precisa de los bloques de hulespuma, sentía como si le estuvieran pinchando con un tenedor. A mitad de una conversación, Morrie tenía que pedir a sus visitas que le levantaran el pie y que se lo movieran dos centímetros justos, o que le colocaran la cabeza para que encajara mejor en el hueco de las almohadas de colores. ¿Se imaginan lo que es no poder mover la cabeza?

En cada visita parecía que Morrie se iba fusionando más con su sillón, que su columna vertebral adquiría la forma del sillón. Con todo, insistía todas las mañanas en que lo levantaran de la cama y lo llevaran en la silla de ruedas a su despacho, en que lo depositaran allí entre sus libros y sus papeles y con el hibisco del alféizar. De una manera muy suya, encontraba algo de filosófico en aquello.

–Lo resumo en mi último aforismo —me dijo.
–Dímelo.
–Cuando estás en la cama, estás muerto.

Sonrió. Sólo Morrie era capaz de sonreir por una cosa así.

Había recibido llamadas de la gente del programa *Nightline* y del propio Ted Koppel.

—Quieren venir a hacer otro programa conmigo —dijo. Pero dicen que quieren esperar.

—¿A qué? ¿A que estés dando el último suspiro?

—Puede ser. En todo caso, no me falta tanto.

—No digas eso.

—Perdona. Eso me fastidia: que quieran esperar a que te consumas.

—Te fastidia porque te preocupas por mí.

Sonrió.

—Mitch, es posible que se estén sirviendo de mí para montar un pequeño drama. Está bien. Es posible que yo también me esté sirviendo de ellos. Me ayudan a transmitir mi mensaje a millones de personas. No podría lograrlo sin ellos, ¿verdad? De modo que es un acuerdo.

Tosió, y la tos se convirtió en un largo gargarismo que terminó con otra flema en un pañuelo de papel arrugado.

—En todo caso —dijo Morrie—, yo les dije que más les valía no esperar demasiado o ya no tendré voz. Cuando esto me llegue a los pulmones, puede resultarme imposible hablar. Ya no puedo hablar mucho tiempo sin tener que descansar. Ya he cancelado citas con muchas personas que querían hablar conmigo. Son muchos, Mitch. Pero estoy demasiado fatigado. Si no puedo ofrecerles la atención adecuada, no puedo ayudarles.

Miré la grabadora sintiéndome culpable, como si le estuviera robando el tiempo precioso de habla que le quedaba.

—¿Quieres que lo dejemos? —le dije. ¿Te vas a cansar demasiado?

Morrie cerró los ojos y sacudió la cabeza. Parecía que estaba esperando a que se le pasara un dolor callado.

—No —dijo por fin. Tú y yo tenemos que seguir. Es nuestra última tesina juntos, ya lo sabes.

—Nuestra última tesina.

—Nos interesa hacerlo bien.

Pensé en la primera tesina que habíamos preparado juntos, en la universidad. Había sido idea de Morrie, por supuesto. Me había dicho que yo tenía la preparación suficiente para preparar una tesina, cosa que yo no me había planteado nunca.

Y aquí estábamos otra vez, haciendo lo mismo una vez más. Empezando por una idea. Un moribundo habla a un vivo, le dice lo que debe saber. Esta vez tenía yo menos prisa por terminar.

—Ayer me hicieron una pregunta interesante —dijo ahora Morrie, mirando por encima de mi hombro un tapiz que estaba a mi espalda, hecho de retazos con mensajes llenos de esperanza que sus amigos le habían cosido cuando cumplió setenta años. Cada retazo del tapiz contenía un mensaje diferente: AGUANTA HASTA LA META; LO MEJOR ESTÁ POR LLEGAR; ¡MORRIE, SIEMPRE EL NÚMERO 1 EN SALUD MENTAL!

—¿Qué pregunta es ésa?

–Si me preocupaba que me olvidaran después de mi muerte.

–¿Y bien? ¿Te preocupa?

–Creo que no me preocupará. Tengo a muchas personas que se han relacionado conmigo de manera estrecha, íntima. Y el amor es lo que te hace seguir vivo, aun después de que te hayas ido.

–Parece la letra de una canción: "El amor es lo que te hace seguir vivo".

Morrie se rio entre dientes.

–Puede ser. Pero, Mitch, ¿y todo lo que estamos hablando? ¿No oyes a veces mi voz cuando estás en tu casa? ¿Cuando estás solo? ¿En el avión, quizá? ¿En tu coche, quizá?

–Sí —reconocí.

–Entonces, no me olvidarás cuando me haya ido. Piensa en mi voz, y yo estaré allí.

–Que piense en tu voz.

–Y si quieres llorar un poco, está bien.

Morrie había querido hacerme llorar desde que era yo estudiante de primer año.

–Uno de estos días te voy a impresionar —me decía.

–Sí, sí —respondía yo.

–Ya he decidido lo que quiero que escriban en mi lápida —me dijo.

–No quiero hablar de lápidas.

–¿Por qué? ¿Te ponen nervioso?

Me encogí de hombros.

—Podemos olvidarlo.

—No, no, sigue hablando. ¿Qué has decidido?

Morrie chascó los labios.

—Había pensado en esto: "Maestro hasta el fin" —esperó a que yo lo asimilara.

—Maestro hasta el fin.

—¿Es bueno? —me preguntó.

—Sí —dije. Muy bueno.

Llegó a encantarme el modo en que Morrie se iluminaba cuando entraba yo en la habitación. Lo hacía con muchas personas, ya lo sé, pero tenía el don especial de lograr que cada visitante sintiera que aquella sonrisa era única.

—Aaaah, es mi amigo —decía cuando me veía, con aquella voz nebulosa y aguda. Y aquello no quedaba en el saludo. Cuando Morrie estaba contigo, estaba contigo de verdad. Te miraba directamente a los ojos y te escuchaba como si fueras la única persona en el mundo. ¿Cuánto mejor se llevarían las personas si su primer encuentro de cada día fuera así, en vez del gruñido de una mesera, de un conductor de autobús o del jefe?

—Creo en estar plenamente presente —dijo Morrie. Esto significa que debes estar con la persona con la que estás. Ahora que estoy hablando contigo, Mitch, intento centrarme sólo en lo que está pasando entre los dos. No pienso en algo que dijéramos la semana pasada. No pienso en lo que voy a hacer este viernes. No pienso en hacer otro programa con Koppel ni en la medicación que estoy tomando. Estoy hablando contigo. Estoy pensando en ti.

Me acordaba que solía enseñarnos esta idea en la asignatura de procesos de grupos en Brandeis. En aquellos tiempos yo la había desdeñado, pensando que eso no era digno del programa de una asignatura universitaria. ¿Aprender a prestar atención? ¿Qué importancia podía tener aquello? Ahora sé que es más importante que casi todo lo que nos enseñaron en la universidad.

Morrie me pidió con un gesto que le diera la mano, y al dársela tuve un arranque de culpa. Allí tenía a un hombre que, si él quería, podía dedicar todos los momentos del día a la autocompasión, a comprobar con las manos el estado de descomposición de su cuerpo, a contar su respiración. Hay muchas personas con problemas mucho menores que están tan absortas en sí mismas que se les ponen los ojos vidriosos si les hablas durante más de treinta segundos. Ya tienen otra cosa en la cabeza: un amigo al que tienen que llamar, un fax que tienen que enviar, un amante con el que están soñando. Sólo recuperan la atención plena, de golpe, cuando terminas de hablar, momento en el que dicen "ajá" o "sí, es verdad" e improvisan hasta llegar al momento presente.

–Una parte del problema, Mitch, es la prisa que tiene todo el mundo —dijo Morrie. Las personas no han encontrado sentido a sus vidas, por eso corren constantemente buscándolo. Piensan en el próximo coche, en la próxima casa, en el próximo trabajo. Y después descubren que esas cosas también están vacías, y siguen corriendo.

—Cuando empiezas a correr, es difícil ir más despacio —dije yo.

—No es tan difícil —dijo él, sacudiendo la cabeza. ¿Sabes lo que hago yo? Cuando alguien quería rebasarme en la carretera (cuando podía yo conducir), levantaba la mano...

Intentó hacerlo, pero la mano se levantaba, débilmente, sólo un palmo.

—...levantaba la mano como si fuera a hacer un gesto negativo, pero entonces los saludaba con la mano y sonreía. En vez de hacerles una majadería, los dejas pasar y les sonríes. Y ¿sabes una cosa? Muchas veces me devolvían la sonrisa. La verdad es que no me hace falta ir tan de prisa en mi coche. Prefiero dedicar mi energía a la gente.

Esto lo hacía mejor que nadie que yo hubiera conocido nunca. Los que se sentaban a su lado veían que se le humedecían los ojos cuando hablaban de algo terrible, o que le chispeaban de placer cuando le contaban un chiste francamente malo. Siempre estaba dispuesto a manifestar abiertamente la emoción que tanto solía faltarnos a los de mi generación, los babyboomers. Se nos da de maravilla la charla intrascendente: "¿A qué te dedicas?"; "¿Dónde vives?". Pero ¿cuántas veces escuchamos hoy en día *de verdad* a una persona —sin intentar venderle algo, ni ligártela, ni ganártela, ni conseguir a cambio algún tipo de reconocimiento social? Creo que muchas personas que visitaron a Morrie en los últimos meses de su vida no se animaron a venir por la atención que querían prestarle a él sino por la atención que él les prestaba *a ellas*. A pesar de su dolor y de su deterioro personal, aquel viejecillo los escuchaba como siempre habían querido que los escuchara alguien.

Le dije que era el padre que todos quisieran haber tenido.

–Bueno —dijo él—, tengo alguna experiencia en ese terreno...

La última vez que vio Morrie a su padre fue en un depósito municipal de cadáveres. Charlie Schwartz fue un hombre callado al que le gustaba leer el periódico, solo, a la luz de un farol de la avenida Tremont, en el Bronx. Cuando Morrie era pequeño, Charlie salía a dar un paseo todas las noches, después de la cena. Era un ruso pequeño, de tez rojiza y con una buena mata de pelo gris. Morrie y su hermano David se asomaban a la ventana y lo veían apoyado en el farol, y Morrie deseaba que entrara a casa para hablar con ellos, pero rara vez lo hacía. Tampoco los arropaba en la cama ni les daba las buenas noches con un beso.

Morrie juraba siempre que haría esas cosas con sus hijos si alguna vez los tenía. Y, años después, cuando los tuvo, las hizo.

Mientras tanto, mientras Morrie criaba a sus hijos, Charlie seguía viviendo en el Bronx. Seguía dando sus paseos. Seguía leyendo el periódico. Una noche, salió a la calle después de cenar. A pocas manzanas de su casa, lo asaltaron dos atracadores.

—Danos el dinero —dijo uno, sacando una pistola.

Charlie, asustado, aventó la cartera y echó a correr. Corrió por las calles, y no dejó de correr hasta que llegó a la escalera de acceso de la casa de un pariente suyo, en cuyo porche se derrumbó.

Le dio un ataque al corazón.

Murió aquella noche.

Llamaron a Morrie para que identificara el cadáver. Viajó a Nueva York en avión y fue al depósito de cadáveres. Lo llevaron al sótano, a la sala refrigerada donde se guardaban los cadáveres.

—¿Es éste su padre? —le preguntó el empleado.

Morrie contempló el cadáver que estaba tras el vidrio, el cuerpo del hombre que lo había regañado, lo había moldeado y le había enseñado a trabajar, que había guardado silencio cuando Morrie quería que hablara, que había dicho a Morrie que se tragara los recuerdos de su madre cuando él quería compartirlos con el mundo.

Asintió con la cabeza y se fue. Como contaría más tarde, el horror de la sala le absorbió todas sus demás funciones. No lloró hasta varios días más tarde.

Con todo, la muerte de su padre ayudó a Morrie a prepararse para la suya propia. Sabía una cosa: habría muchos abrazos, besos, conversaciones y risas, y no quedaría ningún adiós por decir; tendría todas las cosas que había echado de menos con su padre y con su madre.

Morrie quería estar rodeado de sus seres queridos, conscientes de lo que le estaba pasando, cuando llegara el último momento. Nadie se enteraría por una llamada de teléfono, ni por un telegrama, ni tendría que asomarse a una ventanilla en un sótano frío y desconocido.

En una selva tropical de Sudamérica vive una etnia llamada "desana", cuyos miembros consideran que en el mundo hay una cantidad fija de energía que fluye entre todas las criaturas. Por lo tanto, todo nacimiento debe engendrar una muerte, y toda muerte produce un nuevo nacimiento. Así se conserva completa la energía del mundo.

Cuando los desanas van de caza para conseguir alimentos, saben que los animales que maten dejarán un vacío en el pozo espiritual. Pero creen que ese vacío se llenará con las almas de los cazadores desanas cuando mueran. Si no murieran hombres, no nacerían aves ni peces. Esta idea me gusta. A Morrie también le gusta. Parece que cuanto más se acerca a la despedida, más siente que todos somos criaturas de un mismo bosque. Lo que tomamos debemos reponerlo.

—Es simple justicia —dice.

DÉCIMO MARTES:
HABLAMOS DEL MATRIMONIO

Llevé a un visitante para que conociera a Morrie. Mi mujer.

Me lo había pedido él desde mi primera visita. "¿Cuándo voy a conocer a Janine?" "¿Cuándo vas a traerla?" Siempre le había dado excusas, hasta que, unos días antes, había llamado por teléfono a su casa para preguntar cómo estaba.

Morrie tardó cierto tiempo en contestar. Y cuando lo hizo, oí los manejos torpes mientras alguien le sujetaba el auricular al oído. Ya no era capaz de sujetar por sí mismo un auricular.

—Holaaaaaa —dijo, jadeante.

—¿Te va bien, Entrenador?

Lo oí suspirar.

—Mitch, tu entrenador no está pasando un día muy bueno...

Dormía cada vez peor. Ya necesitaba oxígeno casi todas las noches, y sus ataques de tos eran ya temibles. La tos podía llegar a durarle una hora, y no sabía nunca si sería capaz de dejar de toser. Siempre decía que se moriría cuando la enfermedad le llegara a los pulmones. Me estremecí al darme cuenta de lo cerca que estaba la muerte.

–Te veré el martes —le dije. Ese día la pasarás mejor.

–Mitch.

–¿Sí?

–¿Está tu mujer contigo?

Estaba sentada a mi lado.

–Dile que me conteste. Quiero oir su voz.

Ahora bien, estoy casado con una mujer que está dotada de una amabilidad intuitiva muy superior a la mía. Aunque no había visto nunca a Morrie, tomó el teléfono (yo en su lugar habría sacudido la cabeza y habría susurrado: "¡No estoy! ¡No estoy!") y, al cabo de un momento, establecía contacto con mi viejo profesor como si se conocieran desde la universidad. Yo lo percibía a pesar de que lo único que oía era:

–Ajá... Mitch me lo dijo... ay, gracias...

Cuando colgó, me dijo:

–Voy contigo a la próxima visita.

Y no hubo más que hablar.

Estábamos ahora sentados en su despacho, alrededor de su sillón reclinable. El propio Morrie reconocía que era un ligador inofensivo, y aunque tenía que interrumpirse frecuentemente para toser, o para utilizar el excusado, parecía que encontraba nuevas reservas de energía ahora que Janine estaba en la habitación. Estuvo mirando fotos de nuestra boda que había traído Janine.

–¿Eres de Detroit? —le preguntó Morrie.

–Sí —dijo Janine.

—Di clases en Detroit durante un año, a finales de los cuarenta. Recuerdo una anécdota graciosa al respecto.

Hizo una pausa para sonarse la nariz. Cuando vi que manejaba el pañuelo de papel con dificultad, lo sujeté en su sitio y se sonó débilmente con él. Lo apreté ligeramente contra sus fosas nasales y después se lo retiré, como hace una madre con un niño que va en un asiento infantil en el coche.

—Gracias, Mitch. Éste es mi ayudante —dijo, mirando a Janine.

Janine sonrió.

—A lo que íbamos. Mi anécdota. En la universidad éramos varios sociólogos, y solíamos jugar póquer con otros miembros del claustro, entre los cuales había un tipo que era cirujano. Una noche, después de la partida, me dijo: "Morrie, quiero verte trabajar". Le dije que de acuerdo. Así que vino a una de mis clases y me vio dar clase. Cuando terminó la clase, me dijo: "Muy bien. Ahora, ¿qué te parecería verme trabajar a mí? Esta noche tengo una operación". Yo quería devolverle el favor, de modo que dije: "Bueno". Me llevó al hospital. Me dijo: "Lávate las manos, ponte un tapaboca y una bata". Y cuando me quise dar cuenta, estaba a su lado frente a la mesa de operaciones. En la mesa estaba una mujer, la paciente, desnuda de la cintura para abajo. ¡Y tomó un cuchillo e hizo zip, como si tal cosa! Bueno...

Morrie levantó un dedo y lo hizo girar.

—...Empecé a hacer así. Casi me desmayo. Con toda la sangre. Agg. La enfermera que estaba a mi lado me dijo: "¿Qué le pasa, doctor?". Y yo dije: "¡Qué doctor ni qué nada! *¡Sáquenme de aquí!*".

Nos reímos, y Morrie también se rio, con toda la fuerza que le permitía su limitada respiración. Era la primera vez que había contado una anécdota así en varias semanas, que yo me acordara. Pensé que era raro que una vez estuviera a punto de desmayarse por ver la enfermedad de otra persona y que ahora fuera tan capaz de soportar la suya propia.

Connie llamó a la puerta y dijo que el almuerzo de Morrie estaba listo. No era la sopa de zanahoria, las tartas de verdura ni la pasta griega que había traído yo aquella mañana de Pan y Circo. Aunque yo procuraba comprar la comida más blanda, Morrie tampoco tenía fuerzas para masticarla y tragarla. Ahora comía sobre todo suplementos dietéticos líquidos, a los que se añadía, si acaso, una galleta integral que se dejaba humedecer hasta que estaba blanda y fácil de digerir. Charlotte ya reducía a puré casi todo con la batidora. Morrie absorbía los alimentos con un popote. Yo seguía haciendo las compras todas las semanas y me presentaba ante él con las bolsas para enseñárselas, pero lo hacía para ver su expresión más que por otra cosa. Cuando abría el refrigerador veía una inundación de recipientes. Supongo que albergaba yo la esperanza de que un día volviéramos a comer juntos un almuerzo de verdad y de poder ver la calamitosa manera en que él hablaba mientras comía, dejando alegremente que se le cayera la comida de la boca. Era una esperanza necia.

—Así que... Janine —dijo Morrie.

Ella sonrió.

–Eres encantadora. Dame la mano.

Ella se la dio.

–Mitch dice que eres cantante profesional.

–Sí —dijo Janine.

–Dice que eres magnífica.

–Oh, no —dijo ella, riéndose. Son cosas que dice él.

Morrie levantó las cejas.

–¿Quieres cantarme algo?

Pues bien, he oído a la gente pedir esto mismo a Janine casi desde que la conozco. Cuando la gente se entera de que alguien se gana la vida cantando, siempre le dicen: "Cántanos algo". Janine, que es muy vergonzosa acerca de su talento y que tiene exigencias de perfeccionista en cuanto al entorno, no cantaba nunca. Se disculpaba con educación. Y eso esperaba yo que hiciera ahora.

Y entonces empezó a cantar:

Sólo con pensar en ti
me olvido de hacer
las cosas corrientes que todos tienen que hacer...

Era una canción de jazz de los años treinta, compuesta por Ray Noble, y Janine la cantó con dulzura, mirando fijamente a Morrie. A mí volvió a maravillarme, una vez más, la capacidad que él tenía para hacer que salieran a relucir las emociones de las personas que normalmente se las guardaban. Morrie cerró los ojos para absorber las notas. Mientras la cariñosa voz de mi mujer llenaba la habitación, surgió en su rostro una sonrisa creciente. Y aunque tenía el cuerpo tan rígido como un costal de arena, casi se le veía bailar por dentro.

> *Veo tu rostro en cada flor,*
> *tus ojos en las estrellas del cielo,*
> *es sólo pensar en ti,*
> *sólo con pensar en ti,*
> *mi amor...*

Cuando terminó, Morrie abrió los ojos y las lágrimas le rodaron por las mejillas. En todos los años que he oído cantar a mi mujer, nunca la oí como él la oyó en aquel momento.

El matrimonio. Casi todos mis conocidos tenían algún problema con él. A algunos les daba problemas entrar en él, a otros les daba problemas salir. Parecía que los miembros de mi generación luchaban con el compromiso como si se tratara de un caimán de una marisma tenebrosa. Me había yo acostumbrado a asistir a bodas, a felicitar a la pareja y a sentir sólo una leve sorpresa cuando pocos años más tarde me encontraba con el novio comiendo en un restaurante con una mujer más joven a la que me presentaba como amiga suya. "Estoy separado de fulanita, ¿sabes?", me decía.

¿Por qué tenemos estos problemas? Se lo pregunté a Morrie. Después de esperar siete años hasta que pedí a Janine que se casara conmigo, me preguntaba si las personas de mi edad estábamos siendo, simplemente, más prudentes que las de antes, o si éramos nada más egoístas.

—Bueno, tu generación me da lástima —dijo Morrie. En esta cultura es muy importante encontrar una relación de amor con otra persona, porque una buena parte de la cultura no nos aporta nada de eso. Pero los pobres jóvenes de hoy son demasiado egoístas como para participar en una verdadera relación de amor, o bien se lanzan al matrimonio apresuradamente y se divorcian seis meses más tarde. No saben lo que quieren de un compañero. No saben quiénes son ellos mismos, y así ¿cómo van a saber con quién se casan?

Suspiró. Morrie había dado consejos a muchos enamorados infelices en sus años de profesor.

—Es triste, porque tener a una persona amada es muy importante. Te das cuenta de eso sobre todo cuando estás pasando una época como yo, cuando no estás muy bien. Los amigos son estupendos pero los amigos no van a estar aquí por la noche cuando estás tosiendo y no puedes dormir y alguien tiene que pasarse la noche en vela a tu lado, animarte, intentar serte útil.

Charlotte y Morrie, que se habían conocido de estudiantes, llevaban casados cuarenta y cuatro años. Ahora los veía juntos, cuando ella le recordaba que tenía que tomarse las medicinas, o entraba a acariciarle el cuello, o le hablaba de uno de sus hijos. Trabajaban en equipo, y con frecuencia no necesitaban más que una mirada callada para comprender lo que pensaba el otro. Charlotte era una persona reservada, a diferencia de Morrie, pero yo sabía cuánto la respetaba él, pues a veces, cuando hablábamos, decía: "A Charlotte no le gustaría que contara yo eso", y ponía fin a la conversación. Eran las únicas ocasiones en que Morrie se callaba algo.

–Una cosa he aprendido acerca del matrimonio —dijo después. Te pone a prueba. Descubres quién eres, quién es la otra persona, y de qué manera te adaptas o no te adaptas.

–¿Existe alguna regla para determinar si un matrimonio va a funcionar?

Morrie sonrió.

–Las cosas no son tan sencillas, Mitch.

–Ya lo sé.

–Con todo —dijo—, existen algunas reglas acerca del amor y del matrimonio que sé que son verdaderas. Si no respetan a la otra persona, van a tener muchos problemas. Si no saben transigir, van a tener muchos problemas. Si no saben hablar abiertamente de lo que pasa entre ustedes, van a tener muchos problemas. Y si no tienen un catálogo común de valores en la vida, van a tener muchos problemas. Sus valores deben ser semejantes. Y ¿sabes, Mitch, cuál es el mayor de esos valores?

–¿Cuál?

–Su fe en la *importancia* de su matrimonio.

Se sorbió la nariz y cerró los ojos un momento.

–Personalmente —dijo con un suspiro, con los ojos todavía cerrados—, creo que el matrimonio es una tarea muy importante, y que si no lo pruebas te estás perdiendo una barbaridad de cosas.

Puso fin al tema citando el poema en que creía como en una oración: "Amarse los unos a los otros o morir".

—Bien, una pregunta —digo a Morrie. Sujeta con los dedos huesudos sus lentes sobre el pecho, que le sube y le baja con cada respiración trabajosa.

—¿Cuál es la pregunta? —dice.

—¿Recuerdas el Libro de Job?

—¿De la Biblia?

—Eso es. Job es un buen hombre pero Dios lo hace sufrir. Para poner a prueba su fe.

—Lo recuerdo.

—Lo despoja de todo lo que tiene, de su casa, de su dinero, de su familia...

—De su salud.

—Lo pone enfermo.

—Para poner a prueba su fe.

—Eso es. Para poner a prueba su fe. Entonces, me pregunto...

—¿Qué te preguntas?

—¿Qué opinas de eso?

Morrie tose violentamente. Le tiemblan las manos mientras él las deja caer junto a sus costados.

—Creo que a Dios se le fue la mano —dice, sonriendo.

Undécimo martes:
Hablamos de nuestra cultura

–Péguele más fuerte.

Doy una palmada en la espalda de Morrie.

–Más fuerte.

Le doy otra palmada.

–Cerca de los hombros... ahora abajo.

Morrie, vestido con pantalón de pijama, estaba tendido en la cama sobre su costado, con la cabeza apoyada firmemente en la almohada, con la boca abierta. La fisioterapeuta me estaba enseñando a aflojar a golpes el veneno que tenía en los pulmones, cosa que por entonces había que hacer con regularidad, para impedir que se endureciera, para que siguiera respirando.

–Siempre... supe... que querías... pegarme... —dijo Morrie, jadeando.

–Sí —le contesto, devolviéndole la broma mientras golpeo con el puño la piel de alabastro de su espalda. ¡Ésta, por el seis que me pusiste en tercer año! ¡Zas!

Todos nos reímos, con la risa nerviosa que sobreviene cuando el diablo está al alcance del oído.

Aquella escenita habría sido encantadora si no fuera lo que todos sabíamos, la gimnasia final antes de la muerte. La enfermedad de Morrie estaba ya peligrosamente próxima a su punto de rendición: sus pulmones. Había predicho que moriría ahogado, y yo no podía imaginarme una manera más terrible de morir. A veces cerraba los ojos e intentaba absorber el aire por la boca y por la nariz, y parecía que estuviera intentando izar un ancla.

Al aire libre hacía un tiempo como para salir con saco, principios de octubre; las hojas secas estaban recogidas en montones en los prados de West Newton. La fisioterapeuta de Morrie había llegado hacía un rato, y yo solía retirarme cuando él tenía que reunirse con enfermeras o con especialistas. Pero con el transcurso de las semanas, al agotarse nuestro tiempo, cada vez me producía menos incomodidad la vergüenza de lo físico. Quería estar allí. Quería observarlo todo. Aquello no se ajustaba a mi manera de ser, pero la verdad es que tampoco se ajustaban muchas otras cosas que habían pasado en aquellos últimos meses en casa de Morrie.

De modo que vi a la fisioterapeuta trabajar con Morrie en la cama, golpearle las costillas por la espalda, preguntarle si sentía que se le aflojaba la congestión por dentro. Y cuando ella se tomó un descanso, me preguntó si quería probar. Dije que sí. Morrie, con la cara hundida en la almohada, esbozó una sonrisa.

–No muy fuerte —dijo. Soy un viejo.

Le golpeé la espalda y los costados, desplazándome según las instrucciones de la fisioterapeuta. Me desagradaba la idea de que Morrie estuviera en la cama en cualquier circunstancia —me resonaba en los oídos su último aforismo, "cuando estás en la cama, estás muerto", y acurrucado sobre su costado, era tan pequeño, estaba tan consumido, que tenía un cuerpo de niño más que de hombre. Veía la palidez de su piel, las pocas canas sueltas, el modo en que le colgaban los brazos, sueltos e impotentes. Pensé en cuánto tiempo dedicamos a intentar dar forma a nuestros cuerpos, levantando pesas, haciendo flexiones, y al final la naturaleza nos lo quita todo en cualquier caso. Sentía bajo mis dedos la carne flácida que rodeaba los huesos de Morrie, y lo golpeaba con fuerza, tal como me decían. La verdad es que le estaba dando puñetazos en la espalda cuando preferiría estar dando puñetazos en la pared.

–Mitch —dijo Morrie, jadeando, con una voz que saltaba como un martillo pilón cuando le daba un puñetazo.

–¿Qué?

–¿Cuándo... te he... puesto yo... un seis?

Morrie creía en la bondad innata de las personas. Pero también veía en qué podían convertirse.

–Las personas sólo son malas cuando se ven amenazadas —me dijo más tarde, aquel mismo día—, y eso es lo que hace nuestra cultura. Eso es lo que hace nuestra economía. Hasta las personas que tienen puestos de trabajo en nuestra economía se sienten amenazadas porque temen perderlos. Y cuando uno se siente amenazado, empieza a preocuparse únicamente de sí mismo. Empieza a hacer del dinero un dios. Todo forma parte de esta cultura.

Suspiró.

—Y, por eso, yo no me la trago.

Asentí con la cabeza y le apreté la mano. Ya nos tomábamos de la mano con regularidad. Era otro cambio para mí. Hacía ya cosas normalmente que antes me habrían dado vergüenza o repugnancia. La bolsa del catéter, conectada al tubo que le salía de dentro y llena de residuos líquidos de color verde, estaba junto a mi pie, cerca de la pata de su sillón. Meses atrás, aquello podía haberme dado asco; ahora no tenía importancia. Lo mismo pasaba con el olor de la habitación después de que Morrie utilizara el excusado. Ya no se podía permitir el lujo de moverse de un lugar a otro, de cerrar la puerta del baño al entrar y de pulverizar con extractor al salir. Tenía su cama, tenía su sillón, y aquella era su vida. Si mi vida estuviera condensada en un dedal como aquel, dudo que fuera capaz de hacer que oliera mejor.

—He aquí lo que quiero decir cuando hablo de construir tu propia pequeña subcultura —dijo Morrie. No quiero decir que pases por alto todas las reglas de tu comunidad. Yo no voy por ahí desnudo, por ejemplo. No me paso los semáforos en rojo. Puedo obedecer las cosas pequeñas. Pero las cosas grandes, cómo pensamos, lo que valoramos, ésas debes elegirlas tú mismo. No puedes dejar que nadie, ni que ninguna sociedad, las determine por ti. Tomemos como ejemplo mi estado. Las cosas que se supone ahora deben avergonzarme: no ser capaz de caminar, no ser capaz de limpiarme el culo, despertarme algunas mañanas con ganas de llorar, no tienen en sí mismas nada de vergonzoso ni de deshonroso. Lo mismo pasa con las mujeres que no son lo bastante delgadas, o con los hombres que no son lo bastante ricos. No es más que lo que nuestra cultura quiere hacernos creer. No te lo creas.

Le pregunté a Morrie por qué no se había ido a vivir a otra parte cuando era más joven.

–¿A dónde?

–No sé. A Sudamérica. A Nueva Guinea. A un sitio que no fuera tan egoísta como Estados Unidos.

–Cada sociedad tiene sus propios problemas —dijo Morrie, levantando las cejas, haciendo el gesto más aproximado que podía al de fruncir el ceño. Creo que huir no es la manera. Tienes que trabajar para crearte tu propia cultura. Mira, vivas donde vivas, el defecto mayor que tenemos los seres humanos es que somos cortos de vista. No vemos lo que podríamos ser. Deberíamos estar viendo nuestras posibilidades, dando de nosotros el máximo hasta llegar a ser todo lo que podemos. Pero si estás rodeado de personas que dicen: "Quiero lo mío ya", al final hay unos pocos que lo tienen todo y unos militares que impiden que los pobres se levanten y se apoderen de ello.

Morrie miró por encima de mi hombro a la ventana del fondo. A veces se oía el ruido de un camión que pasaba o el viento azotando. Contempló durante un momento las casas de sus vecinos y después siguió hablando.

–El problema, Mitch, es que no creemos que seamos tan semejantes como en realidad somos. Los blancos y los negros, los católicos y los protestantes, los hombres y las mujeres. Si nos viéramos más semejantes, podríamos estar muy deseosos de unirnos a la gran familia humana de este mundo, y de ocuparnos de esa familia del mismo modo que nos ocupamos de la nuestra. Pero, créeme, cuando te estás muriendo ves que es verdad. Todos tenemos el mismo principio, el nacimiento, y todos tenemos el mismo final, la muerte. Entonces, ¿cuán diferentes podemos ser? Invierte en la familia humana. Invierte en las personas. Construye una pequeña comunidad con los que amas y con los que te aman.

Me apretó suavemente la mano. Le devolví un apretón más fuerte. Y, como en esos juegos de feria en los que das un golpe con un mazo y ves subir un disco por un poste, casi pude ver cómo subía el calor de mi cuerpo por el pecho de Morrie y por su cuello hasta llegar a sus mejillas y a sus ojos. Sonrió.

–Al principio de la vida, cuando somos niños recién nacidos, necesitamos de los demás para sobrevivir, ¿verdad? Y al final de la vida, cuando te pones como yo, necesitas de los demás para sobrevivir, ¿verdad?

Su voz se redujo a un susurro.

–Pero he aquí el secreto: entre las dos cosas, también necesitamos de los demás.

Aquel mismo día, más tarde, Connie y yo nos fuimos al dormitorio a ver la lectura del veredicto del juicio de O. J. Simpson. Fue una escena tensa. Todos los personajes principales se volvieron hacia el jurado: Simpson, con su traje azul, rodeado de su pequeño ejército de abogados; los denunciantes, que querían meterlo entre rejas, a pocos metros de su espalda. Cuando el presidente del jurado leyó el veredicto, "inocente", Connie gritó.

–¡Ay, Dios mío!

Vimos a Simpson abrazar a sus abogados. Escuchamos a los comentaristas que intentaban explicar lo que quería decir todo aquello. Vimos a multitudes de negros que lo celebraban en las calles adyacentes al tribunal, y a multitudes de blancos atónitos sentados en restaurantes. La decisión se recibía como si fuera trascendental, a pesar de que todos los días se producen asesinatos.

Connie salió al pasillo. Había visto suficiente.

Oí cerrarse la puerta del despacho de Morrie. Me quedé mirando fijamente el televisor. "El mundo entero está viendo esto", me dije a mí mismo. Después oí en la otra habitación el ruido que hacían al levantar a Morrie de su silla, y sonreí. Mientras el "juicio del siglo" llegaba a su conclusión dramática, mi viejo profesor estaba sentado en el excusado.

Es el año 1979, durante un partido de basquetbol en el gimnasio de Brandeis. El equipo va bien y el público estudiantil empieza a corear: "¡Somos los número uno! ¡Somos los número uno!". Morrie está sentado allí cerca. La frase le extraña. En un momento dado, entre los gritos de "¡Somos los número uno!", se levanta y grita: "¿Qué tiene de malo ser los número dos?".

Los estudiantes lo miran. Dejan de corear. Él se sienta, sonriente y con aire triunfal.

El audiovisual, tercera parte

El equipo de *Nightline* volvió para realizar su tercera y última visita. La ocasión tuvo un tono totalmente diferente esta vez. Tuvo menos de entrevista y más de despedida triste. Ted Koppel había llamado por teléfono varias veces antes de venir, y había preguntado a Morrie:

–¿Crees que podrás soportarlo?

Morrie no estaba seguro.

–Ahora constantemente estoy cansado, Ted. Y me estoy atragantando mucho. Si no soy capaz de decir algo, ¿podrás decirlo tú por mí?

Koppel dijo que claro que sí. Y a continuación, el entrevistador, de carácter normalmente estoico, añadió:

–Si no quieres hacerlo, Morrie, no importa. Iré a despedirme en todo caso.

Más tarde, Morrie sonreía travieso y decía:

–Estoy comenzando a tenerle afecto.

Y era verdad. Koppel ya decía que Morrie era "amigo suyo". Mi viejo profesor había inspirado compasión incluso a la gente del mundo de la televisión.

En la entrevista, que tuvo lugar una tarde de viernes, Morrie llevaba puesta la misma camisa del día anterior. Por entonces sólo se cambiaba de camisa cada dos días, y aquel era el segundo día, de modo que ¿por qué iba a cambiar su costumbre?

A diferencia de las dos sesiones anteriores entre Koppel y Schwartz, ésta se realizó por entero en el despacho de Morrie, donde Morrie se había convertido en prisionero de su sillón. Koppel, que besó a mi viejo profesor al saludarlo, tenía que apretarse junto al librero para poder ser visto por el objetivo de la cámara.

Antes de empezar, Koppel le preguntó por el avance de la enfermedad.

—¿Vas muy mal, Morrie?

Morrie levantó débilmente una mano hasta la mitad del vientre. Sólo llegaba hasta allí.

Koppel entendió la respuesta.

La cámara empezó a rodar y comenzó la tercera y última entrevista. Koppel preguntó a Morrie si tenía más miedo ahora que la muerte estaba cerca. Morrie dijo que no; a decir verdad, tenía menos miedo. Dijo que en parte estaba abandonando el mundo exterior, que no pedía que le leyeran el periódico tanto como antes, que no prestaba tanta atención al correo como antes, y que, por el contrario, estaba escuchando más música y contemplando los cambios de color de las hojas a través de su ventana.

Morrie sabía que otras personas padecían ELA, algunas famosas, tales como Stephen Hawking, el eminente físico autor de *Historia del tiempo*. Éste vivía con un agujero en la garganta, hablaba por medio de un sintetizador informático, escribía las palabras moviendo los párpados ante un sensor que recogía el movimiento.

Aquello era admirable, pero Morrie no quería vivir así. Le dijo a Koppel que cuando fuera el momento de despedirse, lo sabría.

—Ted, para mí vivir significa poder responder ante la otra persona. Significa poder manifestar mis emociones y mis sentimientos. Hablar con el otro. Sentir con él...

Suspiró.

—Cuando falte eso, faltará Morrie.

Hablaron como amigos. Tal como había hecho en las dos entrevistas anteriores, Koppel le preguntó por "el viejo test de la limpieza del culo", esperando quizá una respuesta humorística. Pero Morrie estaba demasiado cansado para sonreír siquiera. Sacudió la cabeza.

—Cuando me siento en el excusado, ya no puedo sentarme erguido. Me caigo constantemente, de modo que tienen que sujetarme. Cuando he terminado, me tienen que limpiar. Hasta ahí ha llegado.

Dijo a Koppel que quería morir con serenidad. Formuló su último aforismo: "No renuncies demasiado pronto, pero no te aferres demasiado tiempo".

Koppel asintió con la cabeza, dolorosamente. Sólo habían pasado seis meses entre el primer programa de *Nightline* y aquél, pero Morrie Schwartz era, claramente, una forma hundida. Se había descompuesto ante el público de la televisión nacional, como la miniserie de una muerte. Pero al irse pudriendo su cuerpo, su carácter brillaba con más fuerza todavía.

Hacia el final de la entrevista, la cámara encuadró a Morrie —Koppel no salía siquiera en la imagen, sólo se oía su voz en off— y el entrevistador preguntó a mi viejo profesor si quería decir algo a los millones de personas a las que había conmovido. Aunque su intención no fue aquélla, yo no pude evitar pensar en el momento en que a un condenado a muerte le preguntan si quiere decir unas últimas palabras.

–Sean compasivos —susurró Morrie. Y sean responsables los unos de los otros. El mundo sería un lugar mucho mejor si sólo aprendiéramos estas lecciones.

Respiró, y después añadió su mantra:
–Amarse los unos a los otros o morir.

Se puso fin a la entrevista. Pero, por algún motivo, el camarógrafo siguió rodando y se recogió una última escena en la película.

–Lo has hecho muy bien —dijo Koppel.

Morrie sonrió débilmente.

–Te he dado lo que tenía —susurró.

–Siempre lo das.

–Ted, esta enfermedad me está golpeando el espíritu. Pero no se adueñará de él. Se adueñará de mi cuerpo. No se adueñará de mi espíritu.

Koppel estaba al borde de las lágrimas.

–Has estado bien.

–¿Lo crees así?

Morrie levantó los ojos al techo.

–Estoy negociando con Él, el de arriba, ahora mismo. Le estoy preguntando: "¿Se me concede un puesto de ángel?".

Era la primera vez que Morrie reconocía que hablaba con Dios.

DUODÉCIMO MARTES:
HABLAMOS DEL PERDÓN

"Antes de morir, perdónate a ti mismo. A continuación, perdona a los demás."

Esto sucedía pocos días después de la entrevista de *Nightline*. El cielo estaba lluvioso y oscuro, y Morrie estaba cubierto con una manta. Yo estaba sentado junto al extremo de su sillón, sujetándole los pies desnudos. Estaban retorcidos y llenos de callos, y tenía las uñas de los dedos amarillas. Tenía yo un pequeño frasco de pomada, tomé un poco en las manos y me puse a darle un masaje en los tobillos.

Era otra de las cosas que había visto hacer a sus asistentes durante meses enteros, y ahora, en un intento de agarrarme a lo que pudiera de él, me había ofrecido a hacerlo yo. La enfermedad había dejado a Morrie incapaz de mover siquiera los dedos de los pies, pero todavía podía sentir el dolor, y los masajes contribuían a aliviárselo. Además, por supuesto, a Morrie le gustaba que lo agarraran y lo tocaran. Y para ese entonces yo estaba dispuesto a hacer cualquier cosa que estuviera en mis manos para hacerlo feliz.

–Mitch —dijo, volviendo al tema del perdón—,

no tiene sentido guardarse la venganza ni la terquedad. Son cosas —suspiró—, son cosas que lamento mucho en mi vida. El orgullo. La vanidad. ¿Por qué hacemos lo que hacemos?

Mi pregunta había versado acerca de la importancia del perdón. Yo había visto esas películas en que el patriarca de la familia está en su lecho de muerte y llama a su lado al hijo que había repudiado para poder hacer las paces con él antes de morir. Me pregunté si Morrie tenía dentro algo así, una necesidad repentina de decir "lo siento" antes de morir.

Morrie asintió con la cabeza.

–¿Ves esa escultura? —dijo, indicándome con la cabeza un busto que estaba colocado en un sitio alto, en una estantería de la pared del fondo de su despacho. En realidad, no me había fijado nunca en ella. Era el rostro, fundido en bronce, de un hombre de poco más de cuarenta años, con corbata y con un mechón de pelo que le caía sobre la frente.

–Ése soy yo —dijo Morrie. Un amigo mío lo esculpió hace cosa de treinta años. Se llamaba Norman. Pasábamos mucho tiempo juntos. Íbamos a nadar. Hacíamos excursiones a Nueva York. Me invitó a su casa de Cambridge y esculpió ese busto mío en su sótano. Tardó varias semanas en esculpirlo pero quería hacerlo bien.

Estudié el rostro. Era raro ver a un Morrie en tres dimensiones, tan sano, tan joven, que nos contemplaba mientras hablábamos. Aun en bronce tenía un aspecto juguetón, y pensé que su amigo había esculpido también un poco de su espíritu.

–Bueno, y ahora viene la parte triste de la historia —dijo Morrie. Norman y su mujer se trasladaron a Chicago. Un poco después, Charlotte, mi mujer, tuvo que someterse a una operación bastante grave. Norman y su mujer no se pusieron en contacto con nosotros. Sé que se habían enterado. Charlotte y yo estábamos muy dolidos porque no nos llamaron nunca para preguntar por su estado. De modo que dejamos de tratarlos. Al cabo de los años me encontré con Norman varias veces y él siempre quería reconciliarse, pero yo no lo acepté. Su explicación no me satisfacía. Tenía mi orgullo. Me lo quitaba de encima.

Se le quebró la voz.

–Mitch, hace pocos años murió de cáncer. Me siento muy triste. No llegué a verlo. No lo perdoné. Ahora me duele tanto...

Estaba llorando otra vez, un llanto suave y callado, y como tenía la espalda inclinada hacia atrás, las lágrimas le caían por los lados de la cara sin llegar a sus labios.

–Lo siento —dije yo.

–No lo sientas —susurró. Las lágrimas no importan.

Seguí poniendo pomada a los dedos de sus pies sin vida. Él pasó varios minutos llorando, a solas con sus recuerdos.

–No sólo tenemos que perdonar a los demás, Mitch —susurró por fin. También tenemos que perdonarnos a nosotros mismos.

–¿A nosotros mismos?

–Sí. Todas las cosas que no hicimos. Todas las

cosas que deberíamos haber hecho. No te puedes quedar atascado en el arrepentimiento por lo que debería haber pasado. Eso no te sirve de nada cuando llegas al punto donde estoy yo. Deseaba siempre haber hecho más en mi trabajo; deseaba haber escrito más libros. Solía darme azotes por ello. Ahora veo que eso no servía de nada. Debes hacer las paces. Debes hacer las paces contigo mismo y con todos los que te rodean."

Me incliné sobre él y le sequé las lágrimas con un pañuelo de papel. Morrie parpadeó varias veces. Se le oía la respiración como un leve ronquido.

–Perdónate a ti mismo. Perdona a los demás. No esperes, Mitch. No todos pueden contar con tanto tiempo como yo. No todos tienen tanta suerte.

Tiré el pañuelo al bote de basura y volví a sus pies. ¿Suerte? Apreté su carne endurecida con el pulgar y él ni siquiera lo sintió.

–Es la tensión de los opuestos, Mitch. ¿Lo recuerdas? ¿Lo de las cosas que tiran en sentidos diferentes?

–Lo recuerdo.

–Lamento que se me agote el tiempo pero valoro la oportunidad que me da para arreglar las cosas.

Pasamos un rato allí sentados, en silencio, mientras la lluvia salpicaba las ventanas. El hibisco que estaba detrás de su cabeza seguía aguantando, pequeño pero firme.

–Mitch —susurró Morrie.

–¿Qué?

Yo hacía girar los dedos de sus pies entre mis dedos, absorto en la tarea.

—Mírame.

Levanté la vista y vi en sus ojos una mirada muy intensa.

—No sé por qué volviste a mí. Pero quiero decirte una cosa...

Hizo una pausa, y se le quebró la voz.

—Si pudiera haber tenido otro hijo, me hubiera gustado que fueras tú.

Bajé la vista, amasando la carne moribunda de sus pies entre mis dedos. Por un momento sentí miedo, como si al aceptar sus palabras estuviera traicionando de algún modo a mi propio padre. Pero cuando levanté la vista vi que Morrie sonreía entre sus lágrimas y supe que en un momento así no había traiciones.

Lo único que me daba miedo era decir adiós.

—He elegido un sitio para que me entierren.
—¿Dónde es?
—No está lejos de aquí. En una colina, bajo un árbol, con vista a un estanque. Muy apacible. Un buen lugar para pensar.
—¿Piensas pensar allí?
—Pienso estar muerto allí.

Se ríe entre dientes. Me río entre dientes.

—¿Me visitarás?
—¿Visitarte?
—Simplemente, ven a charlar. Que sea martes. Siempre vienes los martes.
—Somos personas de los martes.
—Eso es. Personas de los martes. ¿Vendrás a charlar, entonces?

Se ha debilitado mucho en poco tiempo.

—Mírame —dice.
—Te estoy mirando.
—¿Vendrás a mi tumba a contarme tus problemas?
—¿Mis problemas?
—Sí.

—¿Y tú me darás soluciones?

—Te daré lo que pueda. ¿Acaso no te lo doy siempre?

Me imagino su tumba, en la colina, con vista a un estanque, alguna parcela pequeña de dos metros setenta donde lo depositarán, lo cubrirán de tierra, le pondrán una piedra encima. ¿Dentro de pocas semanas, quizá? ¿Acaso dentro de pocos días? Me veo allí sentado, solo, con los brazos sobre las rodillas, mirando al vacío.

—No será lo mismo, sin poderte oir hablar —le digo.

—Ah, hablar...

Cierra los ojos y sonríe.

—Te diré lo que haremos. Cuando yo esté muerto, tú hablarás. Y yo te escucharé.

DECIMOTERCER MARTES: HABLAMOS DEL DÍA PERFECTO

Morrie quería que lo incineraran. Lo había hablado con Charlotte, y ellos habían decidido que era lo mejor. El rabino de Brandeis, Al Axelrad —viejo amigo al que habían encargado que dirigiera el funeral—, había visitado a Morrie, y éste le explicó su deseo de ser incinerado.
—Y, Al...
—¿Sí?
—Procura que no me tuesten demasiado.

El rabino se quedó aturdido. Pero Morrie ya era capaz de hacer bromas acerca de su cuerpo. Cuanto más se acercaba al final, más lo veía como una simple cáscara, como un recipiente del alma. En todo caso, se iba consumiendo hasta quedarse en piel y huesos inútiles, por lo que le resultaba más fácil dejarlo.

—Tenemos mucho miedo a la visión de la muerte —me dijo Morrie cuando me senté. Prendí el micrófono en el cuello de su camisa pero no dejaba de desacomodarse. Morrie tosía. Ya tosía constantemente.

—El otro día leí un libro. Decía que en cuanto una persona se muere en el hospital, le cubren la cabeza con la sábana y llevan rodando el cadáver hasta una rampa y lo dejan caer. No ven el momento de perderlo de vista. La gente se comporta como si la muerte fuera contagiosa.

Manipulé torpemente el micrófono. Morrie me miró las manos.

—No es contagiosa, ¿sabes? La muerte es tan natural como la vida. Forma parte del trato que hemos establecido.

Volvió a toser y yo me retiré y esperé, preparado siempre para algo grave. Morrie pasaba malas noches últimamente. Noches temibles. Sólo podía dormir unas pocas horas de un tirón, hasta que lo despertaba un acceso violento de tos. Las enfermeras entraban en el dormitorio, le daban golpes en la espalda, intentaban sacarle el veneno. Aunque consiguieran hacerlo respirar normalmente de nuevo —"normalmente" quiere decir con la ayuda del aparato de oxígeno—, la lucha lo dejaba fatigado para todo el día siguiente.

Ahora tenía el tubo de oxígeno en la nariz. A mí no me gustaba nada vérselo. Para mí era un símbolo de impotencia. Tenía deseos de quitárselo.

—Anoche... —dijo Morrie con voz suave.

—¿Sí? ¿Qué pasó anoche?

—...tuve un acceso de tos terrible. Duró horas enteras. Y la verdad es que no estaba seguro de salir de aquello. No tenía aliento. El ahogo no se me pasaba. En un momento dado empecé a marearme... y entonces sentí una cierta paz, sentí que estaba preparado para irme.

Abrió más los ojos.

—Mitch, fue una sensación increíble. La sensación de aceptar lo que pasaba, de estar en paz. Pensaba en un sueño que había tenido la semana pasada, en el que cruzaba un puente que conducía a un lugar desconocido. Estaba dispuesto a pasar a lo que venga a continuación.

—Pero no pasaste.

Morrie hizo una pausa. Sacudió la cabeza levemente.

—No, no pasé. Pero sentí que *podía*. ¿Lo entiendes? Eso es lo que buscamos todos. Una cierta paz con la idea de morir. Si al final sabemos que podemos tener, en último extremo, esa paz al morir, entonces podemos hacer por fin lo que es verdaderamente difícil.

—Que es...

—Hacer las paces con la vida.

Quiso ver el hibisco que estaba en el alféizar detrás de él. Lo tomé en la mano y se lo acerqué a los ojos. Sonrió.

—Morirse es natural —volvió a decir. El hecho de que hagamos tanto alboroto al respecto se debe por completo a que no nos vemos a nosotros mismos como parte de la naturaleza. Pensamos que, por ser humanos, estamos por encima de la naturaleza.

Sonrió a la planta.

—No lo somos. Todo lo que nace, muere.

Me miró.

—¿Lo aceptas?

—Sí.

—Está bien —susurró. Ahora, he aquí lo positivo. He aquí el modo en que somos diferentes de estas plantas y de estos animales maravillosos. Mientras podamos amarnos los unos a los otros y recordar el sentimiento de amor que hemos tenido, podemos morirnos sin marcharnos del todo nunca. Todo el amor que has creado sigue allí. Todos los recuerdos siguen allí. Sigues viviendo en los corazones que has conmovido y que has nutrido mientras estabas aquí.

Tenía la voz ronca, lo que solía significar que tenía que dejar de hablar un rato. Volví a poner la planta en el alféizar y fui a apagar la grabadora. Ésta es la última frase que dijo Morrie antes de que yo la apagara:

—Al morir se pone fin a una vida, no a una relación personal.

Había aparecido un nuevo avance en el tratamiento de la ELA: un medicamento experimental que empezaba a aprobarse. No curaba la enfermedad sino que la retrasaba, aplazaba el deterioro durante varios meses. Morrie había oído hablar de eso pero la enfermedad estaba demasiado avanzada. Además, aquel medicamento no estaría disponible hasta dentro de varios meses.

—No es para mí —decía Morrie, descartándolo.

En todo el tiempo que duró su enfermedad, Morrie no abrigó nunca la esperanza de poderse curar. Era realista hasta la exageración. Una vez, le pregunté si, suponiendo que alguien pudiera agitar una varita mágica y curarlo, se convertiría él con el tiempo en el hombre que había sido antes.

Sacudió la cabeza.

–No puedo volver atrás. Ahora soy un ser diferente. Tengo actitudes diferentes. Aprecio de una manera diferente mi cuerpo, lo que no hacía plenamente antes. Soy diferente en cuanto al modo de abordar las grandes preguntas, las preguntas definitivas, las que no se puede quitar uno de encima. Ésa es la cuestión, ya ves. Cuando pones el dedo en las preguntas importantes, ya no te puedes apartar de ellas.

–Y ¿cuáles son las preguntas importantes?

–Tal como yo lo veo, están relacionadas con el amor, la responsabilidad, la espiritualidad, la conciencia. Y si hoy estuviera sano, éstas serían todavía las cuestiones que me importarían. Deberían haberlo sido siempre.

Intenté imaginarme a Morrie sano. Intenté imaginar que se quitaba las mantas de encima, que se bajaba de ese sillón, que los dos íbamos a dar un paseo por el barrio, como solíamos pasearnos por el campus. Me di cuenta de pronto de que hacía dieciséis años que no lo veía de pie. ¿Dieciséis años?

–¿Y si tuvieras un día de salud perfecta? —le pregunté. ¿Qué harías?

–¿Veinticuatro horas?

–Veinticuatro horas.

–Veamos... Me levantaría por la mañana, haría mis ejercicios, me tomaría un desayuno riquísimo con bollos y té, iría a nadar, después haría venir a mis amigos para tomar con ellos una buena comida. Los haría venir de uno en uno o de dos en dos para que pudiéramos hablar de sus familias, de sus asuntos, hablar de cuánto significamos los unos para los otros. Después me gustaría ir a dar un paseo, en un jardín con árboles, contemplar sus colores, contemplar los pájaros, absorber la naturaleza que no he visto desde hace tanto tiempo. Por la noche iríamos todos juntos a un restaurante a comer una buena pasta, quizá algo de pato, me encanta el pato, y después pasaríamos el resto de la noche bailando. Bailaría con todas las parejas maravillosas que hubiera allí, hasta quedar agotado. Y después volvería a casa y me echaría un sueño profundo y maravilloso.

–¿Eso es todo?
–Eso es todo.

Era tan sencillo. Tan corriente. En realidad, me sentí algo decepcionado. Me imaginaba que iría en avión a Italia o que almorzaría con el presidente, o que retozaría en la playa, o que probaría todas las cosas exóticas que se le ocurrieran. Después de todos aquellos meses allí acostado, incapaz de mover una pierna o un pie, ¿cómo podía encontrar la perfección en un día tan corriente?

Entonces me di cuenta de que aquélla era la clave.

Antes de que me marchara aquel día, Morrie me preguntó si podía sacar él un tema.

–Tu hermano —me dijo.

Sentí un escalofrío. No sé cómo sabía Morrie que yo tenía eso en la cabeza. Había estado intentando llamar a mi hermano a España desde hacía varias semanas, y me había enterado (por un amigo suyo) de que iba y volvía en avión a un hospital de Amsterdam.

—Mitch, sé que duele no poder estar con una persona querida. Pero debes estar en paz con los deseos de él. Quizá no quiera que interrumpas tu vida. Quizá no sea capaz de soportar esa carga. Yo digo a toda la gente que conozco que siga haciendo la vida que conoce, que no la eche a perder porque yo me esté muriendo.

—Pero es mi hermano —dije yo.

—Ya lo sé —dijo Morrie. Por eso duele.

Con la mente vi a Peter cuando tenía ocho años, con el pelo rubio y rizado recogido en una bola sudorosa sobre su cabeza. Nos vi a los dos luchando en el solar que había junto a nuestra casa, manchándonos de hierba las rodillas de los pantalones de mezclilla. Lo vi cantando delante del espejo, sujetando un cepillo a modo de micrófono, y nos vi a los dos deslizándonos en el desván donde nos escondíamos juntos de niños, poniendo a prueba la disposición de nuestros padres a buscarnos para cenar.

Y después lo vi como el adulto que se había alejado de nosotros, delgado y frágil, con la cara enjuta a causa de los tratamientos de quimioterapia.

—Morrie —le dije—, ¿por qué no quiere verme?

Mi viejo profesor suspiró.

—No existe ninguna fórmula para llevar las relaciones personales. Hay que negociarlas de modos amorosos, con espacio para ambas partes; para lo que quieren y para lo que necesitan; para lo que pueden hacer y para cómo es su vida. En los negocios, las personas negocian para ganar. Negocian para obtener lo que quieren. Quizá estés demasiado acostumbrado a eso. El amor es diferente. El amor es cuando te preocupas tanto por la situación de otra persona como por la tuya propia. Has tenido esos momentos especiales con tu hermano y ya no tienes lo que tenías con él. Quieres recuperarlos. Quieres que no terminen nunca. Pero eso forma parte del hecho de ser humanos. Terminar, renovar, terminar, renovar.

Lo miré. Vi toda la muerte del mundo. Me sentí impotente.

—Encontrarás un camino de vuelta a tu hermano —dijo Morrie.

—¿Cómo lo sabes?

Morrie sonrió.

—Me encontraste a mí, ¿no?

—El otro día oí un bonito cuentecillo —dice Morrie.

Cierra los ojos durante un momento y yo espero.

—Bueno. El cuento es de una olita que va saltando por el mar y se la pasa muy bien. Disfruta del viento y del aire libre, hasta que ve que las demás olas que tiene delante rompen contra la costa.

"Dios mío, esto es terrible —dice la ola. ¡Mira lo que me va a pasar!"

Entonces llega otra ola. Ve a la primera ola, que parece afligida, y le dice: "¿Por qué estás tan triste?".

La primera ola dice: "¿Es que no lo entiendes? ¡Todas vamos a rompernos! ¡Todas las olas vamos a deshacernos! ¿No es terrible?".

La segunda ola dice: "No, eres tú la que no lo entiende. Tú no eres una ola; formas parte del mar".

Sonrío. Morrie vuelve a cerrar los ojos.

—Parte del mar —dice—, parte del mar.

Lo veo respirar, inspirar y espirar, inspirar y espirar.

DECIMOCUARTO MARTES:
NOS DECIMOS ADIÓS

Sentía frío y humedad mientras subía los escalones de la entrada de la casa de Morrie. Observaba los pequeños detalles, las cosas en las que no me había fijado a pesar de todas las veces que había ido de visita. El perfil de la colina. La fachada de piedra de la casa. Las plantas de palisandro, los arbustos bajos. Caminaba despacio, sin prisas, pisando hojas muertas mojadas que se aplastaban bajo mis pies.

Charlotte me había llamado el día anterior para decirme que Morrie "no estaba bien". Era su manera de decir que habían llegado los últimos días. Morrie había cancelado todas sus citas y había pasado una buena parte de su tiempo durmiendo, lo que no era propio de él. Nunca le había gustado dormir, por lo menos cuando había gente con la que podía hablar.

–Quiere que vengas a visitarlo —dijo Charlotte—; pero, Mitch...

–¿Sí?

–Está muy débil.

Los escalones del porche. El vidrio de la puerta principal. Absorbía yo aquellas cosas con manera lenta, observadora, como si las viera por primera vez. Sentía la grabadora en la bolsa que llevaba al hombro, y abrí el cierre para asegurarme de que llevaba casetes. No sé por qué lo hice. Siempre llevaba casetes.

Abrió la puerta Connie. Aunque normalmente era optimista, tenía un aire tenso en el rostro. Me saludó en voz baja.

—¿Cómo va? —le pregunté.

—No muy bien.

Se mordió el labio inferior.

—No me gusta pensar en eso. Es un hombre muy bondadoso, ¿sabe?

Yo lo sabía.

—Es una pena.

Charlotte vino por el pasillo y me abrazó. Dijo que Morrie seguía dormido, aunque eran las diez de la mañana. Pasamos a la cocina. Le ayudé a ordenar las cosas, fijándome en todos los frascos de pastillas que estaban alineados en la mesa, un pequeño ejército de soldaditos cafés de plástico con gorros blancos. Mi viejo profesor estaba tomando morfina para aliviarse la respiración.

Metí en el refrigerador la comida que había traído: sopa, tartas de verdura, ensalada de atún. Me disculpé ante Charlotte por haberla traído. Morrie llevaba meses enteros sin masticar comida como aquélla, y los dos lo sabíamos, pero se había convertido en una pequeña tradición. A veces, cuando estás perdiendo a alguien, te aferras a la tradición que puedes.

Esperé en la sala de estar, donde Morrie y Ted Koppel habían mantenido su primera entrevista. Leí el periódico que estaba sobre la mesa. Dos niños de Minnesota se habían pegado un tiro mutuamente jugando con las pistolas de sus padres. Habían encontrado un niño recién nacido enterrado en un bote de basura en un callejón de Los Angeles.

Dejé el periódico y me quedé mirando la chimenea vacía. Me puse a dar suaves golpecitos con el zapato en el suelo de madera. Por fin, oí que se abría y se cerraba una puerta y sentí a continuación los pasos de Charlotte que venían hacia mí.

—Bueno —dijo en voz baja—, está preparado para ti.

Me levanté y me dirigí a nuestro lugar familiar, y entonces vi a una mujer desconocida que estaba sentada al final del pasillo en una silla plegable, con los ojos en un libro, con las piernas cerradas. Era una enfermera de hospital, del servicio de vigilancia de veinticuatro horas.

El despacho de Morrie estaba vacío. Me quedé confundido. Después volví titubeando al dormitorio, y allí estaba él, acostado, bajo la sábana. Sólo lo había visto así en otra ocasión, cuando le estaban dando masaje, y empezó a sonarme de nuevo en la cabeza el eco de su aforismo: "Cuando estás en la cama, estás muerto".

Entré con una sonrisa forzada. Llevaba puesto un saco amarillo como de pijama, y lo cubría una manta hasta el pecho. La masa de su cuerpo estaba tan consumida que casi me pareció que le faltaba algo. Era tan pequeño como un niño.

Morrie tenía la boca abierta y tenía la piel pálida y contraída sobre los pómulos. Cuando volvió los ojos hacia mí, intentó hablar, pero sólo oí un suave gruñido.

–Aquí estás —dije, haciendo acopio de toda la emoción que pude encontrar en mi caja vacía.

Él espiró, cerró los ojos, y después sonrió, haciendo un esfuerzo que parecía cansarlo.

–Mi... querido amigo —dijo por fin.

–Soy tu amigo —dije.

–Hoy no estoy... muy bien...

–Mañana estarás mejor.

Volvió a espirar y asintió con la cabeza forzadamente. Luchaba con algo bajo las sábanas, y me di cuenta de que intentaba llevar las manos hasta el borde.

–Agárrame —dijo.

Retiré la manta y le agarré los dedos. Desaparecieron entre los míos. Me incliné hacia él, hasta estar a pocos centímetros de su cara. Era la primera vez que lo veía sin rasurar; la corta barba blanca parecía fuera de lugar, como si alguien le hubiera esparcido cuidadosamente sal por las mejillas y por la barbilla. ¿Cómo era posible que hubiera nueva vida en su barba cuando todo el resto de él la iba perdiendo?

–Morrie —dije suavemente.

–Entrenador —me corrigió.

–Entrenador —dije yo. Sentí un escalofrío. Hablaba a fragmentos cortos, inspiraba aire, espiraba palabras. Tenía la voz delgada y ronca. Olía a ungüento.

–Eres... un alma buena.

Un alma buena.

–Me has conmovido... —susurró. Llevó mis manos a su corazón. Aquí.

Sentí que tenía un nudo en la garganta.

–Entrenador...

–¿Eh?

–No sé despedirme.

Me dio palmadas débiles en la mano, manteniéndola en su pecho.

–Así... es como decimos... adiós...

Inspiraba y espiraba suavemente. Yo sentía el ascenso y descenso de su caja torácica. Después, me miró fijamente.

–Te... quiero —dijo con voz ronca.

–Yo también te quiero, Entrenador.

–Sé que me quieres... sé... otra cosa...

–¿Qué otra cosa sabes?

–Que siempre... me has querido...

Entrecerró los ojos y después se echó a llorar, haciendo gestos con el rostro como un niño recién nacido que todavía no sabe cómo funcionan sus conductos lacrimales. Lo estreché durante varios minutos. Le froté la piel flácida. Le acaricié el pelo. Le puse la palma de la mano sobre el rostro y sentí los huesos próximos a la carne y las lágrimas húmedas y minúsculas, como si salieran de un cuentagotas.

Cuando su respiración se normalizó relativamente, me aclaré la garganta y le dije que sabía que estaba cansado, de modo que volvería el martes siguiente y esperaba que estuviera un poco más atento, muchas gracias. Dio un resoplido leve, que era lo más aproximado a una risa que podía hacer. De todos modos, era un sonido triste.

Tomé la bolsa de la grabadora, que no había llegado a abrir. ¿Por qué había traído aquello siquiera? Sabía que no volveríamos a usarlo. Me incliné sobre él y lo besé estrechamente, con mi rostro contra el suyo, barba contra barba, piel contra piel, manteniéndolo así más tiempo de lo normal, por si aquello le proporcionaba aunque fuera una fracción de segundo de placer.

–¿De acuerdo, entonces? —dije, retirándome.

Parpadeé para apartar las lágrimas, y él chascó los labios y levantó las cejas al ver mi cara. Prefiero pensar que fue un momento pasajero de satisfacción para mi querido y viejo profesor: por fin me había hecho llorar.

–De acuerdo, entonces —susurró.

Graduación

Morrie murió un sábado por la mañana.

Su familia más cercana estaba con él en la casa. Rob había venido de Tokio, llegó a tiempo de dar un beso de despedida a su padre, y estaba Jon, y, naturalmente, estaban Charlotte, y Marska, la prima de Charlotte que había escrito el poema que tanto había conmovido a Morrie en su funeral "extraoficial", el poema en que lo comparaba con una "secuoya tierna". Se turnaban para dormir alrededor de su cama. Morrie había entrado en coma dos días después de mi última visita, y el médico decía que podía irse en cualquier momento. Pero aguantó una dura tarde, una noche oscura.

Por fin, el día 4 de noviembre, cuando sus seres queridos habían salido un momento de la habitación para tomar un café en la cocina —era la primera vez en que no estaba ninguno presente desde que había entrado en coma—, Morrie dejó de respirar.

Y se fue.

Yo creo que murió así a propósito. Creo que no quería momentos escalofriantes, que nadie presenciara su último aliento para que lo obsesionara como lo había obsesionado a él el telegrama con la noticia de la muerte de su madre o el cadáver de su padre en el depósito municipal.

Creo que sabía que estaba en su propia cama, que tenía cerca de él sus libros, sus notas y su pequeño hibisco. Quería irse serenamente, y así se fue.

El funeral se celebró una mañana húmeda y ventosa. La hierba estaba mojada y el cielo tenía el color de la leche. Nos quedamos de pie junto al hoyo en la tierra, lo bastante cerca del estanque para oir el agua que lamía el borde y para ver los patos que se sacudían las plumas.

Aunque habían querido asistir centenares de personas, Charlotte había limitado la asistencia a pocas personas, sólo a algunos parientes y amigos íntimos. El rabino Axelrad leyó algunos poemas. El hermano de Morrie, David, que todavía cojeaba por la polio que había tenido de pequeño, levantó la pala y arrojó tierra a la tumba, como manda la tradición.

En un momento dado, cuando depositaron las cenizas de Morrie en la tierra, recorrí el cementerio con la mirada. Morrie tenía razón. Era, verdaderamente, un lugar encantador, con árboles, hierba y la ladera de una colina.

"Tú hablarás, y yo te escucharé", había dicho él.

Intenté hacerlo así dentro de mi cabeza, y, con alegría por mi parte, descubrí que la conversación imaginada parecía casi natural. Me miré las manos, vi mi reloj, y comprendí el motivo.

Era martes.

Mi padre estaba presente a través de nosotros,
cantando cada nueva hoja de cada árbol
(y todos los niños estaban seguros
de que la primavera bailaba
al oir a mi padre cantar).

> De un poema de e. e. cummings,
> leído por el hijo de Morrie,
> Rob, en el funeral.

Conclusión

A veces recuerdo la persona que era antes de que volviera a descubrir a mi viejo profesor. Quiero hablarle a esa persona. Quiero decirle a qué debe estar atenta, qué errores debe evitar. Quiero decirle que sea más abierta, que no haga caso del señuelo de los valores anunciados, que preste atención cuando hablen sus seres queridos, como si fuera la última vez que pudiera oirlos.

Lo que más quiero decirle a esa persona es que tome un avión y visite a un amable anciano que vive en West Newton, en Massachusetts, mejor antes que después; antes de que ese anciano se ponga enfermo y no sea capaz de bailar.

Sé que no puedo hacerlo. No podemos deshacer lo que hemos hecho, ni volver a vivir una vida que ya está registrada. Pero si el profesor Morrie Schwartz me enseñó algo, fue esto: en esta vida no existe el "demasiado tarde". Él cambió hasta el día en que se despidió.

Poco después de la muerte de Morrie logré hablar con mi hermano en España. Mantuvimos una larga conversación. Le dije que respetaba su distanciamiento y que lo único que quería era estar en contacto con él —en el presente, no en el pasado—, tenerlo en mi vida tanto como él me lo permitiera.

–Eres mi único hermano —le dije. No quiero perderte. Te quiero.

Nunca le había dicho una cosa así.

Días más tarde recibí un mensaje en mi fax. Estaba escrito a máquina de una manera desaliñada, mal puntuada, todo en mayúsculas, como eran siempre las cartas de mi hermano.

"¡HOLA, ME HE UNIDO A LOS NOVENTA!", empezaba. Contaba algunas anécdotas, lo que había hecho aquella semana, un par de chistes. Al final, se despedía de esta manera:

TENGO ARDOR DE ESTÓMAGO Y DIARREA EN ESTOS MOMENTOS. LA VIDA ES UNA PERRA. ¿CHARLAMOS MÁS TARDE?

[firmado] TRASERO DOLORIDO

Me reí hasta que se me salieron las lágrimas.

Este libro fue, en gran medida, idea de Morrie. Decía que era nuestra "última tesina". Como los mejores proyectos de trabajo, nos unió más, y Morrie se quedó encantado cuando varios editores manifestaron su interés, aunque murió sin llegar a conocer a ninguno. El dinero que se cobró como anticipo contribuyó a pagar las enormes facturas de la atención médica de Morrie, por lo cual nos sentimos agradecidos ambos.

El título, dicho sea de paso, se nos ocurrió un día en el despacho de Morrie. A él le gustaba dar nombre a las cosas. Tenía varias ideas. Pero cuando le dije: "¿Qué te parece *Martes con mi viejo profesor*?", sonrió él casi con rubor, y supe que había dado en el clavo.

Cuando murió Morrie, revolví varias cajas de viejos papeles de la universidad. Y descubrí un trabajo de fin de curso que había preparado para una de sus asignaturas. El trabajo tenía ya veinte años. En la primera página aparecían mis comentarios escritos a lápiz, dirigidos a Morrie, y debajo de éstos aparecían los comentarios de él como respuesta a los míos.

Los míos comenzaban: "Querido Entrenador...".

Los suyos comenzaban: "Querido Jugador...".

Por algún motivo, cada vez que lo leo lo echo más de menos.

¿Has tenido alguna vez un verdadero maestro? ¿Un maestro que te viera como un diamante en bruto, como una joya que, con sabiduría, podía pulirse para darle un brillo imponente? Si tienes la suficiente suerte para encontrar el camino que conduce a maestros así, siempre encontrarás el camino para volver a ellos. A veces, sólo está en tu cabeza. A veces está junto a sus lechos.

Mi viejo profesor impartió la última asignatura de su vida dando una clase semanal en su casa, junto a una ventana de su despacho, desde un lugar donde podía contemplar cómo un pequeño hibisco se despojaba de sus hojas rosadas. La clase se impartía los martes. La asignatura era el Sentido de la Vida. Se impartía a partir de la experiencia.

La enseñanza prosigue.

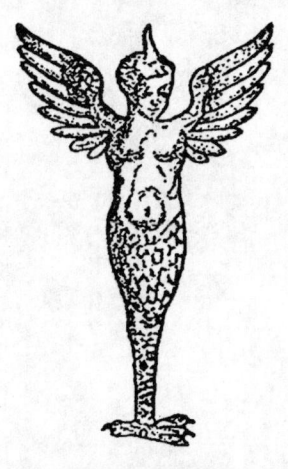

Martes con mi viejo profesor,
escrito por Mitch Albom,
nos habla de la sabiduría y el amor
que pueden florecer en el jardín
de la libertad interior, a salvo de la
enfermedad y la muerte.
La edición de esta obra fue compuesta
en fuente palatino y formada en 11:13.
Fue impresa en este mes de marzo de 2001
en los talleres de Compañía Editorial Electrocomp, S.A. de C.V.,
que se localizan en la calzada de Tlalpan 1702,
colonia Country Club, en la ciudad de México, D.F.
La encuadernación de los ejemplares se hizo
en los mismos talleres.